社会保障運動入門

—人間らしく生きるために—

編著

原冨　悟

労働総研社会保障研究部会

相澤興一

小澤　薫

唐鎌直義

公文昭夫

浜岡政好

堀　幾雄

宮崎牧子

山口一秀

学習の友社

はじめに

●人間らしく生きていけるように

　本書は、社会保障をよくするための運動にかかわろうとする人のための、入門テキストとしてつくられています。

　社会保障は、だれもが人間らしく生きていけるようにするための、社会的な共同の営みです。自分自身も、まわりの人々も、みんなが安心して生きていけるような条件、社会環境をつくっていくための活動、それが社会保障運動です。そういう運動に、自らかかわっていくこと、それ自体もまた、人間らしい生き方かもしれません。

●コロナ禍で明らかになった、現代社会の脆弱さ

　2020 年、2021 年は、コロナ禍で、人々の暮らしが大きな不安に包まれた年でした。そのなかで、保健所や医療機関の不十分さに起因して、ＰＣＲ検査が十分に行えず感染の広がりを把握することが困難になり、また感染者の治療についても、自宅療養を強いられて命を落とす人さえいて、「医療崩壊」が大きな問題になりました。経済活動の制約は、非正規労働者の失業や個人事業者の休業などによって、多くの勤労者を生活困窮に追い込みました。コロナ問題は、現代社会における人々の生活を支える社会的な基盤が不安定であること、生活困難に対応するための社会保障制度の脆弱性を露わにしたと言ってよいでしょう。

　例えば、保健所は、1990 年の 850 か所から 2019 年には 472 か所に半減し、医療機関の病床数は 1996 年の 189 万床から 2018 年には 164 万床に減らされており、それが、コロナ感染対策における困難を甚大なものにしました。それは、1980 年代以降にすすめられた社会保障制度の改悪、とりわけ医療保障体制の後退がもたらしたものです。

　社会保障は、国会でつくる法律によって制度化されます。そこには、国民の意識が反映されます。とはいえ、社会保障について、多くの国民が知識を持っているわけではありませんから、国民の知らない間に、制度が悪くなったりもします。勤労者の暮らしの実情に対応し、国民の声を反映し

3

た社会保障制度を構築するためには、多くの国民が社会保障制度について関心を高め、知識を持ち、声をあげていく必要があります。そのためには、様々な事情に対応して制度を活用し、問題点を把握し、制度の改善を求める「運動」が必要になります。

●社会保障運動とは何か

　社会保障運動とは、社会保障分野における社会運動のことです。社会運動とは「社会問題の解決や社会制度の変革を目的とする組織的な大衆運動」(『広辞苑』)のことです。社会保障分野にあてはめると「生活上の社会問題を解決し、社会保障制度の変革をめざして、多くの人によって行われる、秩序だった各方面への働きかけ」ということになります。

　社会運動は集団的に行われる、社会を変える営みです。他方、一人ひとりの個人が社会とのかかわりで、日常的に行う取り組みは社会活動とも呼ばれます。町内会、ボランティア、ＮＰＯ、労働組合など、組織内部で通常行われる取り組みも「活動」という言い方をしています。この社会活動は、必ずしも「社会制度の変革」を目的にしているわけではなく、既存の社会や組織、制度を前提にして、その活用をはかるために行われています。制度は、つくられれば自動的に機能するものではなく、個人や団体の社会活動があって、はじめて有効に機能することができます。さらに、社会活動のなかで、制度の問題点や改善への課題も浮かび上がってきます。こうした日常的におこなわれる多様な社会活動は、社会運動の母体です。

　コロナ禍でも明らかになったように、一人ひとりの暮らしにかかわる、いわゆる生活問題を自己責任ではなく社会の問題としてとらえ、また、既存の制度や政策を、社会的対応の欠如としてとらえることが必要になっています。個人や特定の集団、さまざまな階層の、生活上の困りごとへの対応としての社会活動は、社会や制度・政策のあり方を変える社会運動へとつながっていきます。

●日本国憲法を生かして

　社会保障運動において、日本国憲法は重要な位置を占めています。

悲惨な戦争を経験し、その反省のうえに成立した日本国憲法は、前文で「全世界の国民が、ひとしく恐怖と欠乏から免かれ、平和のうちに生存する権利を有することを確認する」と平和的生存権をうたい、第25条で、「①すべて国民は、健康で文化的な最低限度の生活を営む権利を有する。②国は、すべての生活部面について、社会福祉、社会保障及び公衆衛生の向上及び増進に努めなければならない」と規定しています。

　社会保障制度は、基本的人権に立脚した憲法上の権利として制度化されるべきものです。

●本書の構成と使い方

　本書は、次の5つの章で構成されています。

　第1章では、社会保障と社会保障運動の大枠をつかみます。

　第2章では、日本の社会保障制度の概要を説明しています。

　第3章は、歴史的に形成された社会保障の理念＝社会保障の必然性について考えます。

　第4章は、様々な生活問題から、今日的な運動課題を検討します。

　第5章では、社会保障運動がどのような人々に支えられ、どのように取り組まれているのかを概略的に紹介しています。

　社会保障は、生活問題を出発点に、幅広い分野を取り扱います。各章ごとの内容は、項目ごとにまとまった記述として、見開き2ページに整理してあり、どこからでも、関心のあるテーマについて学ぶことができます。同じ分野の問題を、制度（第2章）、理念（第3章）、運動（第4章・第5章）の視点から、それぞれに取り上げている場合、重複した記述があるのはそのためです。

　記述の内容は、社会保障についての予備知識や運動経験がない人にも読めるよう、平易な文章を心がけましたが、社会保障には特有の用語もあり、読みづらい部分も避けられません。運動にかかわろうとすれば、政府や自治体の文書、各種のレポートなどにも触れざるを得ませんから、ある程度の用語に慣れていく必要もあります。運動にかかわる中で、必要に応じて、関連する資料や文献にあたり、理解力をたかめていくようにすることも、社会保障運動への理解を深めていくうえで有益なことです。

目　次

第1章

社会保障運動への接近
―私たちの暮らしと社会保障―

「朝日訴訟を勝ちぬく大行進」。社会保障の拡充と
朝日訴訟の勝利をめざし岡山から東京までの大行
進が行われた。1963年10月2日に東京入り／
連合通信社提供

★1
社会保障とは

社会保障とは「国が中心となって、生活保障を必要とする人に対して、一定の所得ないしサービス（医療および社会福祉サービス）を公的に提供することで、これらの生活上の困難・危険を回避し、軽減するために準備された制度」である（※）。

●歴史の中で生み出された「社会保障」

「社会保障」という言葉は、さまざまな場面で使われ、広く「生活保障全般」を意味することもあれば、狭く「所得保障制度」を指している場合もあります。

資本主義の発展にともなって、労働者の生活上の困難に対する国家的な対応が求められるようになり、19世紀の末期頃から、いくつかの国で社会保険（★21参照）や公的扶助などの生活保障の制度が実施されるようになり、1918年には旧ソ連（現ロシア）で「勤労者社会保障規則」が定められ、1935年にはアメリカの「社会保障法」が、社会保障という言葉を使った法律として成立しました。

1942年にはイギリスで「ベヴァリッジ報告」（★25参照）が公表されて社会保障の体系化が図られ、第二次世界大戦後の「ゆりかごから墓場まで」といわれるイギリスにおける社会保障制度の土台になりました。同じ1942年にILO（国際労働機関）が「社会保障への途」という報告書を発表し、1948年に採択された国連の人権宣言は、第22条で「何人も、社会の一員として、社会保障を受ける権利を有する」とし、「社会保障」は世界の言葉になりました。1961年には世界労連（世界労働組合連盟）が「社会保障憲章」（★27参照）を宣言しています。

社会保障は、歴史的に発展してきたものであって、それぞれの国の国民の運動によって、その理念が制度とともに深められ、豊かな内容をもつようになりました。

●日本の社会保障

日本では、第二次世界大戦のあと、1946年に日本国憲法が成立し、そ

の前文で「平和のうちに生存する権利」がうたわれ、25 条で「すべて国民は、健康で文化的な最低限度の生活を営む権利を有する」「国は、すべての生活部面について、社会福祉、社会保障及び公衆衛生の向上及び増進に努めなければならない」と規定されました。

　日本国憲法の成立後、日本の社会保障の出発点となった、社会保障制度審議会の「社会保障制度に関する勧告」（1950 年）は、社会保障について、次のように述べています。

　「社会保障制度とは、疾病、負傷、分娩、廃疾、死亡、老齢、失業、多子その他困窮の原因に対し、保険的方法又は直接 公 の負担において経済保障の途を講じ、生活困窮に陥った者に対しては、国家扶助によって最低限度の生活を保障するとともに、公衆衛生及び社会福祉の向上を図り、もってすべての国民が文化的社会の成員たるに値する生活を営むことができるようにすることをいうのである。このような生活保障の責任は国家にある。」

※西村健一郎『社会保障法』（有斐閣、2003 年）による。

誰もがかかわりを持つ社会保障

　　私たちの一生は、社会保障のさまざまな制度に支えられている。その
ときどきの生活上の困難や必要に応じて、あるときは所得保障の制度
を、またあるときは福祉サービスを利用して、暮らしを安定させ、維持
している。誰でも、社会保障と無縁に生きていくことはできない。

●人生を支える社会保障の諸制度
　私たちの生活は、仕事と暮らしのさまざまな局面で、社会保障の諸制度
に支えられています。

　病気のときは、健康保険証を持って医療機関に行けば、治療してもらえ
ます。職場で仕事中にケガをした場合は、労災保険（労働者災害補償保
険）で治療し、休業せざるを得ない時は休業補償で一定の所得が補償され
ます。何らかの事情で失業した時には、雇用保険から失業手当が支給さ
れ、高齢で働くことができなくなれば老齢年金（国民年金、厚生年金）で
生活が支えられます。病気や何らかの事情で働けず、あるいは働いていて
も収入が少なく、生活が困窮する場合には、公的扶助（生活保護）があ
り、障害者（※）の場合は、障害年金の制度があります。さらに、保育や
学童保育、高齢者や障害者に対する介護などの社会福祉サービスも制度化
されています。

　私たちは、こうした様々な社会保障の諸制度のもとで生活しています。

●所得保障とサービス給付
　社会保障には、失業給付、年金、生活保護などの現金を給付することに
よって所得を保障する方法と、保育や介護などのサービスを直接給付する
方法（現物給付）があります。

　医療保険（健康保険）は、医療を現物で給付するものですが、サラリー
マンなど雇用者を対象とする医療保険には休業時の所得を補填する傷病手
当があります。仕事上の病気やケガの場合は、労災保険による医療の現物
給付と休業手当による現金給付が組み合わされています。

　医療や介護、保育などは、医療の窓口負担、介護の利用時の一部負

担、保育料の負担などのように、給付費用の一部を利用者が負担するようになっています。近年、こうした負担が増やされてきており、これらの負担の有無や負担の程度について、さまざまな議論が行われています。

●社会保障給付の水準と財源

　現状の社会保障給付は、必ずしも十分で万全なものではありません。給付の水準は常に国民的な議論の対象です。その財源は、税をもとにした公的支出、企業や労働者・国民の保険料の拠出などによっており、誰がどう負担するかということも重要な論点です。社会保障は国家的な制度であり、憲法を土台に、法律や条例（法律の枠内で自治体が定める）によって制度化されるのですから、立法とその運用、つまり政治の問題です。

※表記について、真意としては「障碍」もしくは「障がい」が適切ですが、本書では公用である「障害」を用います。

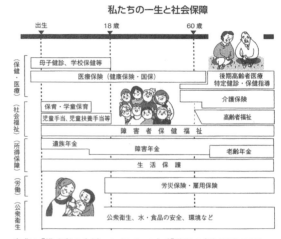

私たちの一生と社会保障

出典：『働く者の生活ハンドブック』（『学習の友』別冊 2015）

★3
働き方と社会保障はつながっている

仕事（雇用）と賃金は、日々の生活の経済的な基盤だが、それはいつでも失業や低賃金などの困難に直面する可能性を持っており、一人ひとりの個人的な努力だけでは解決できない問題を抱えている。そこで、国家による社会保障制度が、そうした働く者の生活を支える重要な役割を果たす。

●仕事と暮らしを考えてみる

　私たちは、日々働いて生活しています。生活を維持していくためには、一定の収入が必要ですが、仕事があって賃金を得ることができても金額が少なければ生活を維持していくことができませんし、それなりの賃金を得たとしても、失業して働く場がなくなれば、生活はゆきづまります。

　現実に、今日の日本社会において、年収200万円以下の「ワーキングプア」（働く貧困層）といわれる人たちが、雇用労働者全体の22％、1098万人（2018年）もいます。その多くは、期間工、契約社員、派遣、パートなどの「非正規労働者」といわれる有期雇用の労働者で、賃金が低いうえに雇用契約期間が満了となれば働き続けられる保障がありません。

　経済には好不況があり、不況の時には失業率が高まります。1995年から2010年まで、失業率は5％を前後し、失業者は300万人を超えていました。この時期は、就職氷河期ともいわれ、学校を卒業しても就職することが大変困難な時期でした。多くの若者が就職できず、アルバイトや臨時的な雇用で働くことを余儀なくされました。その後も、2008年の「リーマンショック」（アメリカの投資会社の破綻をきっかけに世界的に金融危機が広がった）の際には「派遣切り」（派遣労働者が大量に解雇された）が大きな問題になりました。非正規労働者に限らず、しばしば大規模なリストラによって、企業の都合で労働者の解雇が行われたりします。こうした状況下で、生活苦・経済苦による自殺者が増え、健康問題などを含めた自殺者数は、1998年から2011年まで連続して3万人を超えていました。最近でも、「貯金なし」の世帯が2人以上世帯で23.6％、単身世帯で38.0％にのぼっています（金融広報中央委員会の調査、2019年）。

最低賃金制度や雇用保険による失業給付、生活保護などの制度があっても、給付の要件に制限があったり、給付の水準が低額で、賃金・雇用を土台とした労働者の暮らしは不安定で危ういのが実情です。暮らしの安定のためには、社会保障制度の役割はきわめて大きく、さらなる制度改善が求められています。

●ＩＬＯの「ディーセントワーク」

　国連の機関であるＩＬＯ（国際労働機関）は、1999年に「ディーセントワーク」（働きがいのある人間らしい仕事）を提唱しました。そこでは、①人権が守られる労働基準、②人間らしい生活ができる賃金と雇用の確保、③社会保護（社会保障）、④社会対話（労働者の政策決定への参加）の4つの柱と、それらをつらぬくジェンダー平等を掲げています。

　働くことは生活の経済的な基盤ですが、雇用の確保や賃金水準など、一人ひとりの努力では解決できない問題を抱えています。ＩＬＯは、企業の努力と国家による政策、労働者の参加によってディーセントワークの実現をめざそうと訴えています。

年収200万円以下の労働者が
1200万人超

人数（左目盛、万人）　　比率（右目盛、%）

資料：国税庁「民間給与実態統計調査」各年版より作成

★4
人生には浮き沈みがある

雇用の不安定さと低賃金は「貧困」を生み出す原因となる。また、人の人生には浮き沈みがあり、幼年期、子育て期、高齢期という生活が困窮しかねない時期がある。こうした生活困難は社会的に克服されるべきであり、生活困難をもたらす要因に対応した社会保障のしくみが制度化されてきた。

●不安定な雇用と低賃金

　私たちは「普通に働いたら普通に暮らせる」ことを当たり前のように考えています。生活困難に直面している人を見ると、その人の生活や働き方に問題があり、努力が足らないのだと思ったりすることもあります。貧困は個人的な原因で起きるのでしょうか。また、個人的な努力で解決できるのでしょうか。

　社会全体の経済状況や、あるいは企業のリストラによって仕事を失ったり、賃金が低下したりすることがあります。こうした時には「普通に働く」という条件が失われて「普通に暮らす」ことができなくなります。期間工、契約社員、派遣、パートなどの「非正規労働者」の場合、その多くは低賃金で雇用は不安定ですから「普通に働く」ということ自体が不安定です。例えば、学校を卒業する時期に、たまたま就職氷河期に直面した若者たちが、低賃金のアルバイトや非正規雇用に就かざるを得ず、その後も不安定で低賃金の状況を脱することができないとしても、それは決して個人の責任ではありません。

　不安定な雇用と低賃金が「貧困」を生み出す要因であることから、失業保険や公的扶助（生活保護）、最低賃金制などが制度化されてきたのです。

●ライフサイクルにおける貧困

　貧困研究で有名なイギリスのラウントリーは、マーケット・バスケット方式（食費、家賃、衣料などの購入に必要な貨幣額）による最低生活費を設定し、貧困の実態を調査しました。1901年に公表された調査結果では、ヨーク市の労働者の27.8％が貧困状態にありました。

ラウントリーはまた、労働者の生涯には、3回の困窮期（幼年期の貧困、子育て期の貧困、高齢期の貧困）と2回の比較的余裕のある時期があることを発見しました。

　今日の日本社会においても、誰もが、その一生においては、3回の貧困期を余儀なくされ、「余裕のある時期」に貯金ができなければ、困窮期には大きな生活困難が待ち受けているという現実があります。余裕期が「普通の暮らし」であれば、困窮期は「普通ではない暮らし」になってしまう、あるいは余裕期に困窮状態にあれば、困窮期にはさらに悲惨な生活状況に陥ってしまうということです。さらに、病気やケガで働けなくなると生活は一気に困窮化します。

　こうして、貧困や生活困難は、社会的に克服されるべき課題であることが明らかにされ（※）、人生の節目ごとの困窮要因に対応して、母子保健、児童手当、医療保険、労災保険、雇用保険、生活保護、老齢年金、介護保険、障害者福祉・年金などの社会保障のしくみが制度化されてきました。

※ラウントリーの貧困研究については、唐鎌直義『脱貧困の社会保障』（旬報社、2012年）に詳しい。

貧困のライフサイクル

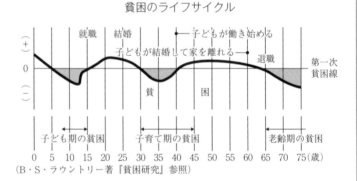

（B・S・ラウントリー著『貧困研究』参照）

生活に困ったときにどうする

社会保障の制度は多岐にわたり、その制度が周知され、気軽に相談し利用できること、そして法律上の権利であることが明確にされなければならない。そのために住民の身近な存在である地方自治体が、接点として機能しなければならない。また、相談し、助け合う場として、労働組合やさまざまな団体が活動している。

●制度への接近容易ということ

私たちは「熱がある」とか「ケガをした」というときには、街のお医者さんや病院に行き、診察を受け、治療をしてもらいます。近くに医療機関がなければなりませんし、医療機関に行くにも、現状では、ある程度のお金の用意が必要です。

岩手県の沢内村では、1960年に65歳以上の医療の窓口負担を、61年には乳児の医療の窓口負担を無料化しました。当時の国民健康保険法では、一部負担として医療費の半分を患者が窓口で負担することになっていましたが「国保法に違反しても憲法には違反しない」として厚生省（当時）の反対を押し切って無料化を実施し、62年には全国で初めて乳児の死亡率ゼロを実現しました。また、老人医療の無料化は、その後、全国に広がっていきました。

何らかの事情で生活が困窮した場合には、地方自治体に申請して生活保護の給付を受けることができますが、申請の窓口でできるだけ給付を抑制しようとして、親類縁者の支援や自助努力を促すというようなこともあり、生活保護の受給者は、生活保護基準以下の収入しかない世帯の1割から2割程度に抑えられているのが現実で、制度の趣旨が十分に生かされていません。母子家庭で乳児が餓死した事件（2000年、栃木県）では、母親は「生活保護という言葉は聞いたことがあるが、自分に関係があるとは思っていなかった」と述懐しています。

社会保障の諸制度が生かされるためには、労働者や国民が制度を知ることが前提になります。病気の時には医療機関で、失業した時は公共職業安定所（ハローワーク）で、さまざまな生活上の困難の際には自治体で、相

談ができ、給付を受けられるようにしなければなりません。制度が広範に周知されること、誰にとっても制度への接近が容易であること、そして社会保障は、行政が恣意的に行うものではなく、法律に基づく国民の権利であることが明確にされなければなりません。

●相談し、助け合う場

とはいえ、社会保障の制度は多岐にわたりますから、国民一人ひとりが、そのすべてに精通することはむつかしく、現実的ではありません。

私たちの社会には、労働組合をはじめ、業者・業界の団体、地域の自治会など様々な団体があります。また、医療や福祉、生活問題などを業務とする専門団体やさまざまな分野で生活支援活動を行うNPO、法律に詳しい弁護士、司法書士、行政書士などの団体もあります。こうした団体や専門家に相談し、対応する自治体の窓口に行き、自治体に相談することで、公的な制度を利用し、活用することもできます。

地方自治法では「地方公共団体は、住民の福祉の増進を図ることを基本として、地域における行政を自主的かつ総合的に実施する役割を広く担う」（第1条の2）とされています。地方自治体は、住民の福祉の増進を図ることを基本とし、行政を総合的に実施するのが仕事ですから、いつでも住民に向き合い、相談にのり、また住民の暮らしの実情に目を向け、諸制度を活用して住民の暮らしを守るために役割を果たさなければなりません。

★6
制度は変化・発展する

　　社会保障制度は、時代とともに変化し発展してきた。第二次世界大戦が終了し、日本国憲法の成立とともに制度の整備・改善が進んだが、1980年代以降、社会保障における国民負担増が進行した。社会保障制度は税制とも関連しながら、国民運動とのせめぎあいの中で変化・発展していく。

●制度は時代とともに変化させられる

　社会保障の諸制度は歴史的に形成され、発展してきました。

　戦前（第二次世界大戦前）の諸制度は、公的扶助にしても社会保険にしても、「お上の恩寵」のようなものとして考えられ、生活保障としてはきわめて不十分なものでした。1941年に実施された厚生年金では積み立てた掛金（保険料）が軍事費につぎ込まれていました。

　1946年の日本国憲法の制定以降、失業保険・労災保険（1947年）、生活保護法（1950年）、国民健康保険法（1958年）、国民年金法（国民皆年金、1961年）、老人医療無料化（1973年）などの制度の整備と改善が進みました。健康保険では、適用の拡大と窓口負担の軽減が行われていきました。日本国憲法の制定によって、社会保障の理念は大きく転換し、労働組合をはじめとした国民の運動があって、社会保障は一定の発展を見たのです。

　ところが、1984年に、無料だった健康保険（被用者）の本人窓口負担が有料化されて以降、医療における患者負担増が図られ、失業給付の給付制限や給付期間の短縮、生活保護の「適正化」と称する適用制限など、社会保障各分野での国民負担増が進行し、2000年の介護保険の創設以降、福祉分野でも利用者の負担が課せられました。財界と政府は、大企業の国際競争力の強化のために社会保障費用の節約を企図し、戦後の社会保障は、1980年までの発展期のあと、部分的な改善もありながらも、全体としては制度の後退が進行し、改善を求める国民の運動とのせめぎあいが続いています。

●財源と所得の再配分

　社会保障の財源は、税を財源とする公的な支出（公費負担）、企業（事

業主）の拠出、被保険者としての労働者・国民の保険料の拠出で構成されており、公費 39.7％、事業主 27.4％、被保険者 30.6％となっています（2020 年度予算ベース）。加えて、利用時の一部負担があり、それは社会保障給付を縮減すると同時に、制度の利用を抑制する効果があります。

　公費については、税がもとになっているので、そのなかにも労働者・国民の税負担が含まれています。国と自治体の税収は、個人所得税 31％、法人税 22％、消費税などの消費課税 33％、資産課税 14％となっています（2019 年度予算）。1989 年に導入された消費税は、生活費に課税するため低所得層の負担割合が高く、社会保障財源には適さないとの指摘があります。

　もともと社会保障は、収入が多く負担能力の高い人や企業が負担し、低所得者や生活困窮者を支援するという「所得再分配」を基本原理としています。資本主義社会において自由競争のまま放置すれば、富む者はますます富み、その一方で貧困が広がります。所得再分配の機能によって、それを是正するのが社会保障です。

●世界の労働組合が役割を果たして

　社会保障は、第二次世界大戦の終了後、ベヴァリッジ報告（1942年）をもとにしたイギリスの社会保障制度、国連による世界人権宣言  （1948 年）などを受けて、世界の国々で発展させられてきました。世界労働組合連盟は 1953 年に「社会保障綱領」を採択し、1961 年に世界労働組合大会が決議した「社会保障憲章」では「真の社会保障制度は、自分の労働で生活している人、働くことのできない人、一時的または永久的に労働能力を失った人のすべて、およびその家族構成員に、本人による何らの財政的負担なしに、法律で保障された基本的な社会的権利を承認することを土台としなければならない」と宣言し、世界各国の労働組合が労働条件の改善とともに、社会保障の充実にその力を発揮していくようになりました。

　日本においても、1958 年に労働組合や諸分野の運動団体によって「社会保障推進協議会」が結成され、社会保障に関わるさまざまな団体とともに、制度の整備・改善を進め、あるいは、社会保障の削減の動きに対抗し、運動を進めてきています。

★7
社会保障をよくするための運動

運動の出発点は生活問題にかかわる要求である。憲法25条は、すべての国民に、健康で文化的な最低生活を営む権利を保障している。個々の生活問題の解決とともに、権利としての社会保障を制度的に実現する「ナショナルミニマム」（※）の確立が求められている。

●ナショナルミニマムの制度的確立

日本国憲法は第25条で「すべて国民は、健康で文化的な最低限度の生活を営む権利を有する」「国はすべての生活部面について、社会福祉、社会保障及び公衆衛生の向上及び増進に努めなければならない」としています。すべての国民が「健康で文化的な最低限度の生活」を実現できるようにすることは、国民の権利であり、国家の責務なのです。

近年、「格差と貧困」が問題にされるようになり、ごく一部の特別に裕福な人が存在する一方で、国民のなかに貧困状態が広がっています。現行の生活保護基準以下の所得で生活をしている世帯は1400万世帯に及び、全世帯に対する貧困世帯の比率は28％、生活保護の捕捉率は11.7％に過ぎないという報告もあります（p26コラム参照）。生活保護基準が適正であるかどうかという問題とともに、現行の基準以下の収入で支援を受けることなく生活している人が全世帯の3割近くにも達する状況があり、貧困世帯の子どもに貧困が引き継がれていく、貧困の世代的継承と連鎖という問題もあります。

病気・ケガや失業、心身の障害や高齢による労働不能などの「事故」への対応とともに、すべての国民の「最低限度の生活」を保障できるナショナルミニマムの制度的な確立をめざし、最低賃金制の改善、公的扶助（生活保護）の制度改善や最低保障年金の創設を求める運動が取り組まれています。

●制度を活用し、要求を運動にしていく

政府や国会を動かし、制度改善を進めていくためには、貧困や生活困難の実情を顕在化させ、問題を国民的に共有し、改善を求める世論を高めていく必要があります。

労働組合や社会保障にかかわる様々な団体が、組合員や住民の生活実態に目を向け、相談にのり、具体的な解決に向けて自治体などの行政に働きかけていくことが、社会保障をよくする運動の出発点になります。貧困や困難を抱えている当事者が、要求を声にし、運動に参加していくのは、勇気も必要で、簡単ではありません。それでも、運動団体などに励まされ、一緒に行動する中で、連帯感と権利意識が生まれ、当事者とともに問題解決と制度改善に向けた運動が広がっていきます。

障害者支援法をめぐって、障害者団体のなかから「私たちのことを、私たち抜きに決めないで」という声が上がりました。生活保護基準の引き下げや公的年金の削減に対する裁判闘争も行われています。最低賃金の改善を求める若者たちや非正規労働者の行動は、労働組合の運動として大きく広がりました。

○

「社会保障をめぐる運動のエネルギーの源泉は、労働者や住民のおかれている現実から必然的に生み出され、生活と労働の場からわき出してくる要求である。要求を基礎とした労働組合や各分野の運動団体によって、個々の困難や不満が顕在化され、その解決に向かって運動が起こり、社会運動に発展していくことによって、国や自治体に影響を与えていく。また、運動の過程で、困難や不満の社会的な原因が明らかにされ、憲法に規定された諸権利が自覚されていく。人類史的に蓄積された人権思想と社会保障の理念、その法律的な表現である日本国憲法はたたかいの武器となり、また、理念自体が運動の中で発展していく。こうして社会保障制度の民主的な改革が運動として発展する」(『社会保障再生への改革提言』労働運動総合研究所編、2013年、新日本出版社)

(※)国家が国民に保障する最低限の生活水準。(『広辞苑』第七版、岩波書店、2018年)

★8
運動の担い手は誰か

すべての国民は、何らかの形で社会保障に関わっており、生活問題に直面している当事者だけでなく、家族、関係者とともに、だれもが直接、間接に「当事者」であり、運動の担い手としての条件を持っている。

●生活困難の当事者と家族、関係者・専門家

社会保障は、生活上の困難に対する社会的対応なのですから、その運動の担い手は、まずは現に生活上の困難に直面している一人ひとりの「当事者」です。しかし、運動の担い手は、その当事者だけでなく、障害者や子ども、高齢者のケアなどのように、その家族も運動の担い手になっています。生活上の困難の解決が社会化されず、もっぱら家族扶養や家族ケアにゆだねられてきたなかで、扶養やケアの当事者として社会保障にかかわらざるを得ないからで、障害者や保育、高齢者の社会保障運動における家族会の位置の大きさはそのことを示しています。

医療や福祉の関係者や自治体職員、弁護士や研究者のように、仕事として社会保障に関わる人々も社会保障運動の有力な担い手です。これらの人々は、社会保障のあり方が自らの職業のミッションの発揮や当事者への支援活動の内容、また自分たちの労働・活動条件などを左右することもあって社会保障運動に積極的に関わっていくモチベーションをもっており、その専門知識の発揮は運動にとって頼りになる存在です。

●みんなが当事者

現に生活上の困難に直面している人のすべてが社会保障給付を受けているわけではありません。生活上の困難に直面していながら、現行の制度・政策の対象になっていない人々がいます。さらに、社会保障は、将来に生活上の困難を抱える可能性のある人びともその対象ですから、すべての勤労者が社会保障の現在と将来の当事者です。将来の当事者の多くは税や社会保険料などの負担を通して社会保障制度と関わっています。こうして見ると、勤労者の誰もが、社会保障の当事者として運動の担い手となる条件を持っています。

「この憲法が国民に保障する自由及び権利は、国民の不断の努力によって、これを保持しなければならない」（日本国憲法第12条）というように、社会保障の権利を保持するためには「不断の努力」が社会活動や社会運動に求められています。

　制度や政策を維持し、改善していくためには、社会的な力を持つ必要があります。そのためにはこうした勤労者の圧倒的多数を占めている「広義の当事者」が、社会保障運動に関わっていけるかどうかが大きな課題となります。

●職域と地域

　多くの勤労者が社会保障運動に参加していくのは、簡単なことではありません。社会保障制度の問題は日常的にはなかなか意識されにくく、職域や年齢層などによる違いなどもあって、社会保障に対する関心の持ち方にも差異があります。どうすれば勤労者の多くを大同団結させて、社会保障運動へと向かわせることができるのでしょうか。

　労働組合は、賃金、雇用などの生活の基本条件を改善していくための運動に取り組んでいます。個人事業者の団体や女性団体、生協など、さまざまな団体が、構成員の生活を支え合う活動を視野に入れています。これらの団体では、構成員の生活問題に直面する場合もあるでしょうし、税や保険料の負担の問題などを意識したりします。そうしたことを契機に、系統的な学習によって集団的な問題意識をもち、団体として社会保障運動にかかわっていくことができます。

　重視したいのは地域社会に目を向けることです。社会保障給付のほとんどが生活の場である地域において行われており、職場や職域では、生活困難をかかえる当事者が現実の問題として視野の中に入らず、社会保障の課題が意識されにくくなっています。さまざまな生活問題が顕在化する地域に目を向け、自分の生活実態と社会保障などの生活インフラの実情を知り、自分の問題として社会保障を意識することで、地域における共同の運動に接近していくことができます。

　職域であれ、団体であれ、地域であれ、要求や関心から出発して、多数が当事者としての自覚を持てるような、系統的な学習と議論を重ねることで、運動の担い手がつくられていきます。

コラム①
貧困の広がりと生活保護の捕捉率
（★7関連）

●**捕捉率**　生活保護制度が法律の趣旨に沿って的確に実施されているかどうかを判断する指標として、受給率ないし捕捉率があります。捕捉率は、生活保護を必要としている人のうち、現に保護を受けている人の割合を表します。

●**厚生労働省の推計**　厚生労働省の「生活保護基準以下の低所得世帯数に対する被保護世帯数の割合の推計」では、（2007年）15.3％、（2010年）19.6％、（2013年）19.7％、（2016年）22.6％とされています。厚生労働省は「捕捉率については、生活保護の申請がなければ、保有する資産や親族からの扶養の可否などの調査等が困難であるため、正確に把握することは困難」としています（厚生労働省社会・援護局保護課、2018年）。

●**唐鎌直義氏の推計**　「国民生活基礎調査」の膨大なデータから、生活保護基準を尺度にして、日本全体の貧困世帯数と捕捉率を推計した唐鎌氏によれば、2009年の貧困世帯数は1204.9万世帯、世帯貧困率は25.1％にのぼります。全世帯の4分の1が、生活保護制度によって保障されるはずの所得水準と同等又はそれ以下で生活しています。これに対して保護を受けているのは148.6万世帯にすぎず、捕捉率は10.56％です。なお、稼働世帯の貧困率が18.2％であり、勤労者の貧困の広がりが指摘されています（『脱貧困の社会保障』唐鎌直義、2012年、旬報社）。

●**石倉康次氏の推計**　石倉康次氏は、唐鎌氏の方法を参考にしながら、2012年と2016年について、貧困世帯数・貧困率を、（2012年）1309.7万世帯・27.2％、（2016年）1402.4万世帯・28.1％、捕捉率は（2012年）11.9％、（2016年）11.7％と推計しています（「21世紀型の社会政策に求められる基本点」石倉康次、『経済』2018年6月号）。

　生活保護の世帯受給率（全世帯に対する被保護世帯の割合）を見ると、日本は2.6％程度、ドイツは10％、フランスは14％で、イギリスでは24％です。

第2章

制度の成り立ちと現状
―日本の社会保障制度―

「ポストの数ほど保育所を」。女性の社会進出で
共働き世帯が増加し、待機児童がふえたため、親
たちによる保育所増設の運動がおこった。写真は
1960年代の保育所／連合通信社提供

一生の生活を支える社会保障制度

私たちの人生は、母子保健から就労、そして年金・高齢者医療まで、医療、社会福祉、所得保障、雇用、公衆衛生などの諸制度に支えられている。人生には、ライフサイクルにおける個々の具体的な事情に応じて、その生活基盤を支える制度が必要になる。

●誕生前から墓場まで

「ゆりかごから墓場まで」という言葉があるように、私たちの一生は、社会保障制度に支えられています。

出生以前から、母子保健として、保健所が中心機関となって母子健康手帳の発行や母子健診などを受けることができます。出生後は、健康診断や予防接種、保育所・学童保育（放課後児童クラブ）への入所、児童手当・児童扶養手当などの経済支援などがあります。

病気や事故による傷病に対応するために、すべての国民が、国民健康保険（地域保健）、健康保険（事業所ごとに加入）などの医療保険に加入します。40歳になると介護保険に加入し、高齢期には介護サービスを受けることができます。75歳になると後期高齢者医療が適用されます。

就労年齢になると、仕事に就くための職業紹介や雇用保険による失業手当の給付があります。仕事上のケガや病気の場合には、労災保険（労働者災害補償保険）で治療し、休業が必要な場合には休業補償があります。

高齢期の生活を維持するために、20歳から国民年金への加入が義務付けられ、雇用労働者は厚生年金に加入し、高齢期には老齢年金（老齢基礎年金、老齢厚生年金）が支給されます。障害（身体障害、知的障害など）がある場合には、障害者福祉、障害年金があります。

収入がなくなった場合、あるいは収入が不足する場合は、生活保護により最低生活が保障されます。

このように、誰もが、人生のその時々の状況に対応して、社会保障制度に支えられているのです（★2の図参照）。

●人生を支える社会保障制度の５つの柱

　社会保障の給付には、現物給付と現金給付（★11）があり、これらを社会保険、公的扶助（生活保護）、社会福祉などの制度（★10）で給付します。平成29年度版厚生労働白書では、４つの柱で説明しています。
①保健・医療（健康診断、疾病の治療・療養、医療保険）
②社会福祉等（児童福祉、母子・寡婦福祉、障害者福祉、介護保険）
③所得保障（老齢年金、障害年金、遺族年金、生活保護）
④雇用（労災保険、雇用保険、職業能力訓練、高齢者・障害者雇用）

　これに加えて、安全で良質な水の確保、食品や医療品の安全性の確保、環境対策などを行う公衆衛生の施策があります。

　また、雇用対策、住宅対策、教育なども社会保障の関連制度として位置づけられます。

●一人ひとりの具体的な事情に沿った支援

　社会保障制度の基本として、1950年の社会保障制度審議会勧告は「すべての国民が文化的社会の成員たるに値する生活を営むことができるようにすること」と言い、1993年の社会保障制度審議会社会保障将来像委員会第一次報告では「国民の生活の安定が損なわれる場合に、国民にすこやかで安心できる生活を保障すること目的として、公的責任で生活を支える給付を行う」と言っています。

　人の生涯、各人のライフサイクルにおいて、何らかの事情で生活困難に陥る場合があります。それは、誰にでも起こりうることです。社会の変化や経済的な事情などにより、一人ひとりの暮らしは影響を受けないわけにはいきません。それぞれの具体的な事情に合った支援が受けられてこそ、生活を維持していくことができます。

　今日、格差と貧困が広がるなかで、母子世帯や単身の高齢者世帯、非正規労働者などの貧困率が高く、年齢や就労実態、家族生活の実情などに応じた、国民生活に寄り添った制度対応が必要になっています。

★10
社会保障制度の構成

　社会保障制度は、大きくは、社会保険、公的扶助、社会福祉によって構成されている。社会保険は、医療、介護、年金、雇用、労災の5つの分野で制度化されている、強制加入の公的保険である。

●5つの社会保険

　社会保険は、起こりうるリスクに対して、公的な支出と加入者が拠出する保険料によって給付財源を準備し、必要な場合に保険給付を行う制度です。民間の「保険」とは異なり、法律によって加入が義務付けられ、公的機関またはそれに準ずる団体によって運営される、医療保険、介護保険、年金保険、雇用保険、労災保険の5つがあります。

　医療保険は、病気やケガの際に医療給付を行います。労働者を対象として健康保険組合や健康保険協会（協会けんぽ）が運営する健康保険と、それ以外のすべての国民を対象として市町村が運営する国保（国民健康保険）に大別され、国保には、特定の職種を対象とする国保組合もあります。75歳になると、後期高齢者制度に移行します。

　介護保険は、介護が必要になったときに、要介護認定を受けた上で介護サービス事業者から介護サービスを利用できるしくみで、40歳以上の人が加入し、保険料は、65歳以上の場合は本人の所得区分に応じて徴収され、40歳以上65歳未満の場合は医療保険と合わせて徴収されます。

　年金保険には、労働者が加入する厚生年金保険とそれ以外のすべての国民が加入する国民年金があり、20歳以上の人はいずれかの年金保険に加入し、一定の年齢に達すると年金が支給されます。労働に支障がある場合や通常の生活に困難がある障害者に対しては、障害年金があります。

　雇用保険は、労働者を対象とし、失業の際の生活保障として失業給付を行います。雇用保険には、育児・介護休業期間中の生活費の保障としての雇用継続給付や職業訓練給付などもあります。

　労災保険は「労働者災害補償保険」と言い、仕事による病気、ケガ、障害、死亡に対して、必要な医療サービスや現金給付を行う制度で、労働者やその遺族の生活の保障のために必要な給付が行われます。

雇用保険と労災保険は「労働保険」とも呼ばれ、労働者を給付の対象として、事業主に加入が義務付けられています。

　労働者を対象とした社会保険（健康保険・介護保険、厚生年金）、雇用保険の保険料は、事業主に拠出と納付の義務があり、一定割合で労働者の負担があります。労災保険の保険料は、全額事業主負担です。

●公的扶助（生活保護）

　公的扶助（生活保護）は、憲法 25 条の「健康で文化的な最低限度の生活」を保障するために、公費で、生活に困窮している人に対して行うものです。生活保護基準以下の収入の世帯に対して、現金や医療を給付します。

●社会福祉

　社会福祉は、生活に困難を伴いやすい状態の人に対して、公的な福祉サービスを提供し、一人ひとりの最低限度の生活を支えようとするものです。公的扶助から派生して、ユニバーサルなものへ発展してきました。

　制度としては、高齢者福祉、障害者福祉、児童福祉、社会手当（児童手当、児童扶養手当）などがあります。

　高齢者福祉は、高齢期の生活を保障するためのもので、その一部は介護保険による給付に組み入れられました。障害者福祉は「障害者の日常生活及び社会生活を総合的に支援するため」（障害者総合支援法）の制度です。児童福祉は、児童福祉法を基本に、保育所や学童保育、児童相談所、療育施設など、すべての児童の健全育成の実現を目的としています。社会手当として、子どものいる世帯に対して児童手当が、ひとり親世帯に対して児童扶養手当が支給されます。

●公衆衛生

　以上のほか、公衆衛生や感染症対策、安全で良質な水の安定供給、食品や医療品の安全性の確保などによって社会保障が構成されています。

★11
現物給付と現金給付

社会保障制度を通じたサービスの給付方法には、現物給付と現金給付がある。医療の提供や福祉サービスは現物給付で行われ、年金、生活保護の生活扶助などは、所得保障としての現金給付（金銭給付）である。

●現物給付

現物給付は、直接対人サービスの形態として受けられる給付を指し、医療サービスと福祉サービスがあります。

医療サービスは、医療保険（健康保険）による医療、労災保険による医療、公費負担医療（精神、結核、難病などの医療や生活保護の医療扶助）などで、病気やケガに際して、外来や入院の治療を行うことや予防的な健康診査、保健指導、初期治療、リハビリテーションなど包括的なものです。

社会福祉サービスは、障害や老齢などにより介護を要する状態にある人や、母子や子どもなど日常生活の支援を必要とする人に対して、さまざまなサービスを提供します。給付の種類として、施設サービスと在宅サービスがあります。施設サービスは、生活の場としての入所施設や介護、訓練、作業、指導などが行われる通所施設などがあり、在宅サービスは、ホームヘルプサービス、車椅子の給付、入所施設の短期利用、通所施設、利用施設の利用などがあります。

●現金給付

現金給付は、金銭を支給する方法です。現金給付には、疾病や障害等による経済的損失を補填する所得保障の役割があります。医療保険では、傷病手当金、出産手当金、出産育児一時金、移送費、埋葬費、高額療養費などがあり、請求による給付と、いったん支払ったうえで給付される償還払いがあります。

労災保険（労働者災害補償保険）では、療養補償給付、休業補償給付、障害補償給付、遺族補償給付、埋葬料などがあります。

国民年金・厚生年金の年金給付、雇用保険の失業等給付（求職者給

付、就職促進給付、教育訓練給付、雇用継続給付）なども現金給付です。

　子どものいる世帯に対する児童手当、ひとり親世帯に対する児童扶養手当などの社会手当も現金給付です。

●現物給付と現金給付

　制度別にみると、公的年金や雇用保険の失業手当は、現金給付のみですが、医療保険には、医療の現物給付に加えて、病気やケガで働けなくなったときの生活の支えとして傷病手当金、妊娠出産で働けないときに出産手当金が支給されます。

　労災保険では、医療の現物給付、療養中や障害の固定による休業補償・年金などの金銭給付、要介護になったときの福祉サービスがあります。

　生活保護制度では、所得保障を基本に、毎月必要な生活費が金銭で支給される生活扶助、住宅扶助、教育扶助、医療扶助、介護扶助、出産扶助、生業扶助、葬祭扶助の８つの種類の給付があり、医療と介護については、医療機関、介護サービス事業者にその費用が支払われるので、利用者の負担はありません。

　なお、法律上は金銭給付でありながら、代理受領方式（給付対象者に代わって、対人サービス費用をサービス提供者が受け取るしくみ）によって、実際上は現物給付と変わらない給付方法もあります（例えば、介護保険による介護サービスの給付など）。

★12
社会保障の財源は税と社会保険料

　120兆円を超える社会保障給付は、労働者・国民と企業による社会保険料、および税による公費負担で支えられている。所得の多い層に税や社会保険料を多く負担してもらい、低所得層や困難を伴いやすい層への社会保障給付を行うことで、社会的な所得の再分配が行われる。

●主な財源は税金と社会保険料

　社会保障は、国や自治体、これらに準ずる特別な法律に基づいて設立される法人などが国民から資金を集め、これを用いて、国民への現物給付や現金給付を行うしくみです。その財源の主なものが税金と社会保険料です。2020年度の国の一般会計は102兆円で、そのうちの約3割の35兆円が社会保障関係費に充てられています。この一般会計の6割は、所得税、法人税、消費税などの税金によるもので、国が賃金・利益などの所得や消費などに対して課税し、国民や法人（企業）が税金として納付し、それをもとに国が必要なところに分配をしています。

　社会保障を通じて国民に給付される社会保障給付費は、2020年度において126兆円（予算ベース）に及びます。そのうち約4割は公費（税金）で賄われ、約6割を社会保険料で賄っています。労働者を対象とした医療、介護、年金などの社会保険料は、労働者と使用者（事業主）が労使折半で負担しています。雇用保険は一定割合で労働者の負担があり、労災保険は使用者（事業主）の全額負担です。地方自治体が運営する国民健康保険、介護保険については、所得に応じた負担（応能負担）と定額の負担（応益負担）があります。

●機能別にみた国際比較

　社会保障給付費を機能別にみると、年金・介護など「高齢」が全体の47％で、「保健医療」31％、「家族」7％、「失業」1％、「住宅」0.5％となっています（国立社会保障・人口問題研究所「社会保障費用統計2018」）。国際比較が可能なOECD基準の社会支出の構成割合をみると、「家族」がイギリス15.2％、スウェーデン12.9％、「住宅」がイギリス

6.4％、フランス2.6％、スウェーデン1.5％で、社会保障として支出されている構成比が国によって異なることがわかります。

●財源の構成

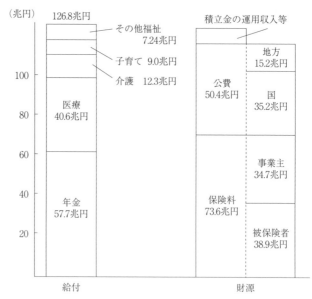

社会保障の給付と財源（2020年度予算ベース）

社会保障の財源の構成は、社会保険料58.0％、公費負担39.7％、資産収入その他2.3％となっています（2020年度予算ベース）。社会保険料では、被保険者拠出30.6％、事業主拠出27.4％と、労働者や一般加入者の拠出金の方が多くなっています。税を財源とする公費負担では、国が27.8％、地方自治体が12％です。社会福祉や国民健康保険、介護保険などの住民の生活に密着した施策において、中央政府とともに地方自治体の役割も大きいのです。

厚生労働省資料にもとづいて作成
出典：『2021年国民春闘白書』学習の友社、2020年

●所得の再分配

資本主義社会においては「自由な経済活動」のもとで、貧困や所得格差が社会的に生み出されます。そこで、所得の多い個人や企業の利益から税や社会保険料を徴収し、低所得層や困難を伴いやすい層への給付を行うことにより、所得の格差を緩和し、国民生活の安定をはかります。こうした税・社会保障による所得の移転を「所得の再分配」と言います。

★13
税とは何か

税制は法律の定めによる。日本国憲法の理念から、税制には負担能力（担税力）に応じた「応能負担原則」が求められる。

●税制は法律で定められる

人々の生活は、それぞれの経済活動による所得とともに、道路や河川、交通網の整備や電気・水道などの社会的な基盤と社会保障・福祉などの公共サービスによって支えられています。税は、国や自治体が、こうした公共の事業を行うための財源です。

税は、国家権力によって強制的に徴収が行われますが、日本国憲法では、「国民は法律の定めにより納税の義務を負う」（30条）、「（税は）法律の定めによる」（84条）とされています。税制は国会の議決による法律に基づくものですから、政府が勝手に決められるものではありません。国会で税制を定める際には、憲法の14条の平等原則、13条の個人の尊厳、25条の生存権（最低生活保障）、29条の財産権などの理念にもとづいて、応能原則（担税能力に応じた課税）にかなったものでなければなりません。社会保険料も、法律にもとづいて強制的に徴収される広義の税です。

●直接税と間接税

税には、直接税と間接税があります。

直接税は、担税者（負担する人または法人）と納税者が同じで、所得税、法人税、住民税などです。所得税や住民税は個人の所得が対象です。法人税は企業の利益に課税するもので、みんなで働いて生み出した「儲け」を社会的に還元するという意味があります。

間接税は、担税者と納税者が別で、消費税のように、買い物をする場合に消費者が代金といっしょに税金分を支払い（担税）、売り手がその分を納税するという仕組みです。

第2次大戦後の日本の税制は、直接税（所得税・法人税）を中心とする税体系でしたが、1989年に消費税が導入され、税率が当初の3％から2019年には10％まで引き上げられてきた結果、税収における消費税の割

合が大きくなってきています。

●応能負担原則

　所得税は、個人の所得にかかる税で、担税力（＝経済的な負担能力）に
応じて負担するという応能負担原則により、課税最低限度が設定され、所
得が多くなるにつれて、その増加分に対して、より高い税率が適用されま
す（超過累進課税）。

　超過累進課税は、一定額を超過した所得分に対して段階的に高い税率を
適用する方式で、現在の最高税率は、4000万円を超える所得分に対して
45％です。1984年当時は、8000万円を超える部分は75％だったのですが、
近年、累進性が緩和されてきました。住民税も、所得により5％〜13％
の超過累進課税でしたが、2007年度から一律10％になりました。

　法人税の税率は、1984年当時の43.3％から、現在は23.2％まで下げら
れてきています。

　消費税は、買い物をするたびに一律の税率で課税されるため、所得に占
める消費の割合が高い低所得者の税負担率が大きくなります（逆進性）。

　税制全体を見ると、高額所得者と企業の税負担が軽くなる一方で、消費
税によって低所得層の税負担が重くなり、しかも、国税収入に占める消費
税の割合が大きくなっています。あらためて、応能負担原則に立ち返った
税制の再構築が必要です。

国の一般会計における税収推移

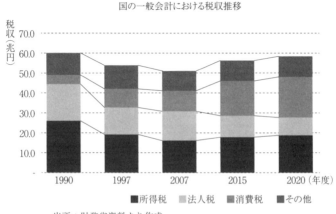

出所：財務省資料より作成

税と社会保障による所得の再分配

> 応能負担による税と社会保険料を財源とし、生活保障のために必要な給付を行う社会保障の制度は、所得の格差を是正し、社会を安定させるための所得の再分配の仕組みである。

●所得の再分配

　資本主義社会では、自由な経済活動のもとで、貧困や所得格差が生み出されます。そこで、所得の多い層や企業の利益から税や社会保険料を徴収して財源を調達し、低所得層や困難を伴いやすい層への給付を行うことで格差を是正する政策がとられるようになりました。税と社会保障の仕組みを通して、所得の多い層や企業の利益から、低所得層や生活困難のリスクを生じやすい層に所得を移転する「所得の再分配」を行うことにより、所得の格差が是正され、国民生活の安定が図れるようになります。

　所得の再分配を効果的に行うために、税や社会保険料は、担税力に応じて負担するという応能負担を原則とするのです。

●累進課税と生活費非課税

　個人の所得に課税する所得税は、所得が多くなるにつれて適用税率が高くなる累進課税（累進税率課税）になっています。

　また、所得税・住民税には、一定所得以下は非課税となる課税最低限が設定されています。憲法25条の「健康で文化的な最低限度の生活を営む権利」を保障するための生計費非課税の原則によるものです。

　なお、労働者の社会保険料（健康保険・厚生年金）は、一定の料率で賃金額に比例した保険料額が徴収されています。

●企業の役割と法人税

　法人税は、企業活動による利益（法人所得）に課税されるものです。経済活動の大部分は企業によって行われますが、企業の利益は労働者の労働によって生み出されたものですし、鉄道や道路、港湾などの公共事業によって整備された社会インフラを利用して事業活動を行うのですから、生

み出された利益について、相応の部分を税として社会的に還元するのです。

●消費税と社会保障
　消費税は、消費に応じて一律の税率で課税され、低所得者ほど所得に占める消費の割合が高いため、低所得者の税負担率が大きくなる逆進性を持っています。1989年に導入され、その後の税率の引き上げにより、税収の大きな柱の一つになってきました。景気の変化に左右されにくく税収が安定することが、その理由とされてきましたが、社会保障の基本理念から、逆進性が高く再分配機能をもたない消費税収に社会保障財源を依存することは適切ではないとの強い批判があります。

●給付の際の応益負担（受益者負担、所得制限）
　医療保険では、受診・サービス利用時に、応益負担（受益者負担）として、一部負担（窓口負担）があります。「患者は安心を得るために必要以上に受診してしまう」（平成24年版「厚生労働白書」）というのがその理由とされてきました。介護保険でも同様の応益負担が制度化されています。低所得者にとっては、費用負担があるために、必要であっても受診・利用を控えざるを得ないことにもなります。近年、政府は国民医療費（医療保険の給付費）の抑制を強調してきており、一部負担は、受診を抑制し医療給付費を全体として節約するための手法になっています。
　児童扶養手当などの福祉サービスにおいて、一定の所得以上の世帯を給付の対象から排除する「所得制限」を設けている制度もあります。
　社会保障の給付の際の受益者負担（応益負担）や所得制限については、「保険料を払っているのに、なぜ給付の際に負担が必要なのか」「療養や介護は利益なのか」「応能負担で税金を払っているのに、なぜ福祉サービスが受けられないのか」などの声があります。「負担能力に応じて税や保険料を負担する」ことが強制され、一方で、「必要な時に必要な給付を受ける」ことができない場合もあり、応益負担や所得制限の制度に対する批判は根強く存在しています。

★15
制度は法律で決められる

社会保障の諸制度は、法律に基づいて制度化され、その法律は、日本国憲法25条の生存権保障を土台としている。国民には、健康で文化的な最低限度の生活を営むことが権利として保障されており、国は、その実現のための責任を果たさなければならない。

●社会保障に関する法律

社会保障は、社会保険、公的扶助、社会福祉などの各分野ごとに、国会の議決による法律によって制度化されています。

社会保険では、健康保険法、国民健康保険法、介護保険法、厚生年金法、国民年金法、介護保険法、雇用保険法、労働者災害補償保険法などの法律によって、給付の要件や保険料の徴収、国庫からの負担などが定められています。

国民の最低生活を保障するための公的扶助は生活保護法によって行われ、社会福祉分野では、児童福祉法、障害者福祉法、社会福祉事業法など「福祉八法」と呼ばれる、福祉の各分野に関する法律があります。

●土台にある日本国憲法（生存権）

これらの法律では、それぞれに、制度の目的、給付の対象や方法、財源と制度運用、実際のサービス提供の事業に関することなどが規定されるのですが、その土台に日本国憲法25条の生存権規定があります。

憲法25条は、国民には「健康で文化的な最低限度の生活を営む権利」（生存権）があり、「国は、すべての生活部面について、社会福祉、社会保障及び公衆衛生の向上及び増進に努めなければならない」としています。社会に起きる生活困難に対して必要な給付を実施し、生活困難の要因を取り除き、社会保障制度の改善をはかっていくことを国の責務としているのです。社会保障にかかわる法律は、権利の主体である国民に対して、生存権を保障するために国が果たすべき義務を定めたものということです。憲法の生存権保障を土台に、国民にとっての権利性と国の責任という関係で、制度がつくられるのです。

●制度の改善要請

　生活保護法は「憲法 25 条に規定する理念に基き、国が生活に困窮する
すべての国民に対し、その困窮の程度に応じ、必要な保護を行い、その最
低限度の生活を保障する」とし、貧困に陥った原因は問わず、困窮の状況
に対して、無差別平等に生活保護が受けられ、生活保護で保障される生活
水準は「健康で文化的な生活水準を維持するもの」と規定しています。保
護を決定する際のミーンズテスト（資産調査）は、保護の要件ではな
く、権利行使をするうえでの生活困窮の認定手続きに過ぎません。

　国民年金法では、「憲法 25 条 2 項に規定する理念に基き、老齢、障害又
は死亡によつて国民生活の安定がそこなわれることを国民の共同連帯によ
つて防止し、もつて健全な国民生活の維持及び向上に寄与することを目的
とする」とし、その 4 条で「年金の額は、国民の生活水準その他の諸事情
に著しい変動が生じた場合には、変動後の諸事情に応ずるため、速やかに
改定の措置が講ぜられなければならない」としています。

●国民の運動と権利性の展開

　このように、社会保障関係の法律は、憲法を土台にして、国民の権利と
それを保障するための国の責務という関係に立ってつくられています。

　労働関係法では、同様に、憲法に立脚しつつ、労働基準法や労働組合法
によって、賃金・労働時間その他の労働条件について、権利主体である労
働者が、団体交渉により個別具体的に改善を実現していく場が保障されて
います。社会保障関係法では、受給者が権利主体として具体的な保障内容
の改善を提起する場が、不服審査請求や裁判などに限られています。社会
保障の給付にかかわる当事者や住民運動、社会保障関連団体、労働組合な
どによる社会運動によって、生活実態を明らかにし、権利性にもとづく国
民的な立法運動が求められています。

日本の社会保障形成の前史（戦前）

> 明治政府の成立以降、絶対主義的天皇制国家のもとで、富国強兵政策がすすめられ、国民の生活保障要求に対しては運動を弾圧する一方で、恩恵的・限定的な救貧立法や健康保険、年金保険などの社会保険立法が行われた。

●「近代化」のもとでの救貧政策

　わが国の救貧立法として、やや形をなした最初のものが、1874年（明治7年）の恤救規則（じゅっきゅうきそく）です。

　明治政府は、欧米列強に対抗できる近代国家をつくっていくために「富国強兵」をスローガンに、経済の発展と軍事力の強化をめざしました。「殖産興業」政策のもと、機械制工業、鉄道網の整備などの資本主義的な近代化が推進されました。工場ができ、労働者（雇用されて働くことで生計を維持する人たち）が生みだされ、農業を基盤とした血縁家族やムラの共同体による相互扶助から引き離されていきました。農民も、地租改正などによって窮乏化し、農民一揆も各地で起こりました。この時期には、自由民権運動も始まります。こうした社会状況を背景にして、恤救規則が生まれました。「恤救」とは「あわれんで救う」という意味です。規則では、「済貧恤救は人民相互の情誼（じょうぎ＝義理や愛情）による」としたうえで、労働能力を失い、頼る人がいない極貧の独身障害者や重病・老衰者、13歳以下で家族のないものなどを対象に、50日分以内の米代を支給しました。現代風に言えば、生活維持は自己責任であり、貧困救済は家族や地域の共助で行うべきであるが、頼るもののない極貧のものについては、お上の恩恵で最小限の米代を支援しようというものでした。

●社会保険のはじまり

　戦前（1945年の終戦以前）は、日清戦争（1894年～）、日露戦争（1904年～）、日中戦争（1937年～）、第二次世界大戦・アジア太平洋戦争（1939～45年）と、戦争の時代が続きました。産業の発展と労働者の増大のもとで労働組合運動も発展しましたが、戦争政策のもとで、労働者・

国民の要求運動は、厳しい弾圧を受けました

　この時期には、まず1922年に、国営労働者保険として「健康保険法」が制定されました。中規模以上の企業の従業員を対象とし、零細企業を除外して、大企業の健康保険組合を特権化させ、大企業の労務管理を補強するというものですが、わが国初の医療保険として画期的なものです。さらに1938年には、一般住民を対象とする「国民健康保険」が創設されました。

　これらの医療保険は、富国強兵と社会不安への対応という両面があります。病気やけがによる生活不安が広がる一方で、産業の育成、とりわけ軍事産業の強化策として健康な労働者の確保が、また、戦争政策のもとで健康な兵士の確保が必要とされました（健兵健民政策）。

　1929年には、世界的な経済危機のもとで、貧困が拡大し、米騒動と労働および小作争議の激化におされて、恤救規則の代わりに「貧困ノ為生活スルコト能ハザルトキハ本法ニ依リ之ヲ救護ス」とする「救護法」が制定されました。

　社会政策の立ち遅れは戦争の遂行をも困難にするものだったので、治安の維持、健兵健民政策と軍事資金調達などのために、社会保険の整備が急がれました。1941年には「労働者年金保険法」が公布され、それが1944には「厚生年金保険法」と改称されました。年金は、保険料の徴収が先行し、年金給付は数十年もあとになるので、労働者に「将来は年金がもらえる」との期待を持たせて就労意欲を高めようとし、一方では、積立金を軍事費に転用するのに都合がよかったのです。

●国家の役割と人民の生活要求

　国家は、支配階級による支配と収奪の権力機構であるとともに、その機能を果たすためにも人民の共同体的な生存保障の責務ももつという相矛盾する二面性をもちます。戦前の絶対主義的天皇制国家は、戦争政策と国家主導で産業を育成しつつ、国民の生活保障要求に対しては、運動を弾圧する一方で、恩恵的で限定的な生活保障策を講じたのです。

★ 17
戦後の社会保障の形成 （戦後〜 1970 年代）

　1947 年に施行された日本国憲法にもとづき、戦後復興期の生活保障が始まり、1961 年には国民皆保険・国民皆年金が整備され、1973 年の「福祉元年」まで、戦後の社会保障の形成と制度の整備・改善が進行した。

●日本国憲法と「50 年勧告」
　1945 年に戦争が終わり、戦争によって荒廃した国土、食料や生活物資の極端な不足という状況のもとで、国民の暮らしをどう立て直していくのかということが戦後の国家的な課題になりました。
　1946 年 11 月に新しい憲法が制定され（日本国憲法、1947 年 5 月施行）、その前文と 9 条で、二度と戦争はしないと誓い、25 条では「すべて国民は、健康で文化的な最低限度の生活を営む権利を有する」「国は、すべての生活部面について、社会福祉、社会保障及び公衆衛生の向上及び増進に努めなければならない」として、国民の生存権を保障し、そのための国の責任を明確にしたのです。これを受けて、1950 年に社会保障制度審議会が「社会保障制度に関する勧告」（50 年勧告）を提示し、権利性を明確にした社会保障の制度づくりが始まりました。

●戦後復興期の生活保障
　1946 年に生活保護法（旧法）が制定されましたが、新憲法の成立をうけて 1950 年に大改正され、国家責任と生存権保障、健康で文化的な最低生活の保障、無差別平等の原則に加え、保護の請求権と不服申し立てを制度化して権利性を明確にした生活保護法（新法）が成立しました。
　一方、失業者が 800 万人にのぼり、企業整備による人員整理（解雇）が相次ぎ、労働組合からの失業補償要求が強まる中で、1947 年に失業保険法が成立し、また、労働基準法とあわせて労働者災害補償保険法（労災保険法）が制定されるなど、雇用・労働関係の法整備が進展しました。
　社会福祉の分野でも、児童福祉法（1947 年）、身体障害者福祉法（1949年）が制定されました。

●国民皆保険・国民皆年金

1955年以降の社会保障政策は、高度経済成長政策に伴って雇用労働者が急増し、労働力不足に対応する「積極的労働力政策」に重点が置かれ、生活保護政策では、「福祉より就労」を優先させ、保護の実施を抑制して就労を強いる政策が強められました。

社会保険の整備としては、健康保険法や厚生年金法の改正が行われるとともに、1958年制定の新「国民健康保険法」と59年制定の「国民年金法」がともに1961年から施行されて、「国民皆保険・皆年金」体制が整備され、戦後の社会保険体制の画期となりました。

とはいえ、医療保険は、大企業を中心とした健康保険組合と、中小企業労働者を対象とする政府管掌健康保険（のちの協会けんぽ）、自営業者や5人未満事業所の労働者が加入する地域的な国民健康保険に分立し、負担や給付に格差がある階層的に分断された制度になりました。給付水準の低い国民年金と厚生年金との階層格差は大きく、また、年金保険料の積立金は、高度経済成長のための政策資金に流用されました。

● 1973年の「福祉元年」

1970年前後に労働組合運動をはじめとした社会運動が高揚し、「憲法を暮らしに生かそう」とのスローガンを掲げた「革新自治体」が全国に広がり、73年には、政府が「福祉元年」と公言するなど、社会保障制度の改善が進みました。

老人医療の窓口負担無料化が実施されましたが、これは、岩手県沢内村が先行して実施し（1960年）、東京、京都、大阪などの革新自治体が相次いで実施して全国に広がり、1973年に国の制度として実現したのです。また、健康保険の家族の窓口負担が5割から3割に引き下げられ、年金の改善も図られました。また、児童手当法により、72年から児童手当の支給が開始されました。

復興期の生活保障に始まり、皆保険・皆年金の整備、医療給付の改善など、1973年の「福祉元年」まで、日本国憲法を土台として、紆余曲折を経ながら、戦後の社会保障が発展していきました。

★18
1980年代以降の社会保障「改革」（1980年代～現在）

> 80年代の臨調行革を契機に、社会保障制度の「見直し」がはかられ、90年代後半期からの社会福祉の構造改革、2012年の社会保障改革推進法などによって、社会保障は「自己責任」と「国民の支え合い」を基本とするものへと変質化し、憲法の理念と国の責任が曖昧にされてきている。

●臨調行革と社会保障の後退

　1970年代後半期になると、政府・財界のなかで「日本型福祉社会」論が唱えられ、「国家による社会保障・福祉」を見直して、自己責任による「自助・互助」型の社会保障に変え、社会保障費用の国の負担を削減していこうとする考え方が強まりました。1981年に設置された財界主導型の「臨時行政調査会」による第三次答申（基本答申、1982年）は、医療費の「適正化」などの改革方針を提起しました。

　こうした流れの中で、1981年に生活保護の「適正化」（給付の抑制）をはかるとして「123号通知」が発出され、生活保護の申請を行政の窓口で締め出す「水際作戦」が強化されました。

　医療保険では、被用者本人無料（10割給付）だった健康保険の受診時窓口負担が、1984年に1割負担となり、その後、負担率が高められていきます。高齢者の医療受診時の無料制度は廃止され、老人保健法により、一部定額負担から定率負担へと、患者負担が拡大されていきました。

　自治体が運営する国民健康保険への国庫負担は、1984年に医療費（患者負担を含めた総医療費）の45％から給付費の50％（医療費ベースで約38.5％）へと削減され、加入者の保険料や自治体の負担が増えることになりました。

　総医療費の抑制、高齢者に対する差別医療、公的年金の制度間の財政調整による国庫負担の削減（1985年の基礎年金の創設など）、年金保険料の引き上げと支給開始年齢の引き上げ、福祉の諸制度にかかわる地方自治体への補助金の削減などが強行されました。1989年には「社会保障の充実のため」ということを口実として消費税が導入され、税と社会保障におけ

る国民負担が増大していきました。

●社会保障制度審議会95年「勧告」と社会福祉基礎構造改革

　社会保障制度審議会は、1995年に「勧告」を行い、社会保障の基本理念を「みんなのためにみんなでつくり、みんなで支えていくもの」として、「社会連帯」と「国民は自らの努力によって生活を維持する責任を負うという原則」を強調しました。

　1990年代後半からはじまった福祉改革では「社会福祉基礎構造改革」と称して、国や自治体が公的サービスの実施責任をもつ「措置制度」から、民間事業者と利用者の「契約」方式への移行が行われ、福祉事業に市場主義にもとづく競争原理が持ち込まれました。社会保障制度の新自由主義的な改革が本格化したのです。

　その嚆矢となったのが、1997年に制定され2000年から実施された介護保険法でした。介護福祉事業を保険主義化し、40歳以上の全国民を被保険者とする一方、従来公費でまかなわれた老人等の介護・医療関連経費の過半を保険料と利用者負担に転嫁し、サービス提供業務を契約によって民営サービス事業に委ねるものでした。2005年には、障害者自立支援法が成立し、介護保険と同様に、利用者一部負担が障害者の医療と福祉にも拡張されました。

●社会保障改革推進法

　2012年には「税・社会保障一体改革」がとなえられ、消費税の増税と法人税の税率引き下げが行われ、2013年の「社会保障改革推進法」にもとづいて、高齢者の増大による社会保障費の自然増を圧縮し、それとともに、公的年金の保険料引き上げと給付の削減、生活保護基準の引き下げと保護の「適正化」の強化、高齢者医療の負担増などが進められました。社会保障改革推進法については、日弁連（日本弁護士会連合会）が「憲法25条に違背する疑いがある」との声明を出し、中央社保協（中央社会保障推進協議会）をはじめとして、社会保障制度を解体に導くものとの国民的な批判が広がりました。

生活保護をめぐる攻防

生活保護は憲法25条にもとづく国民の権利であり、無差別平等に、健康で文化的な最低生活を維持するためのものである。しかし、国による「適正化」政策によって、保護から排除される場合も少なくなく、保護の水準や権利性をめぐって、訴訟も繰り返されている。

●生活保護の基本原則

生活困窮者の救助を公費によって行う制度を一般的に公的扶助といい、日本では1950年制定の生活保護法（新法）によって行われています。同法第1条は「日本国憲法第25条に規定する理念に基き、国が生活に困窮するすべての国民に対し、その困窮の程度に応じ、必要な保護を行い、その最低限度の生活を保障するとともに、その自立を助長することを目的とする」と定めました。社会保障立法の中で、憲法25条の生存権保障にその根拠があることを明記した法律は少なく、生活保護制度が基本的人権としての生存権を保障するためのもっとも重要な制度であることを示しています。法2条から4条にかけては、その目的を実現するための原理が定められています。

第2条は、全ての生活困窮者に国家の責任において「無差別平等」に生活を保障すると定め、保護の請求権を認めています。第3条は、最低生活保障の原理を、「この法律により保障される最低限度の生活は、健康で文化的な生活水準を維持することができるものでなければなければならない」とし、生存権の実体を規定しています。

●補足性の原理と扶養照会

しかし、第4条は、「保護の補足性の原理」として、保護は「生活に困窮する者が、その利用しうる資産、能力その他あらゆるものを、その最低限度の生活の維持のために活用することを要件とする」とし、第2項で家族等の扶養義務の履行など、可能な便宜の活用を優先させることを求めており、解釈と運用によっては前2条の権利を覆すものとなりかねません。補足性の原理は、憲法第13条の「個人の尊重」と、権利主体として

の個人の「自立助長」の枠内でなければなりません。恣意的な運用を排除するために保護実施上の諸原則として、第7条に保護申請の原則、第8条に保護基準及び程度の原則、第9条に必要即応の原則、第10条に世帯単位の保護原則が定められました。ただし、これらの原則は、補足性の原理の濫用を防止するには不十分で、保護申請の際に親族等に扶養可能かどうかを照会することが広く行われ、多くの人が保護の実施から排除されるという実情があります。

●繰り返される「適正化」政策

1950年に生活保護法が成立しましたが、国は、「適正化」と称して、繰り返し、生活保護の抑制をはかってきました。

1954～56年の第1次「適正化」では、再軍備予算の確保のために結核患者の入退院基準を改悪して医療扶助費の削減を図りました。第2次の「適正化」は、60年代半ばの、炭鉱の閉山合理化による生活保護費の急増を押さえ込もうとした保護圧縮政策です。第3次の「適正化」は、1981年の臨時行政調査会による行政改革の一環として、受付段階で「一括調査同意書」の提出を強制して調査を厳しく行うとする「123号通知」（「水際作戦」といわれる）により本格化し、餓死事件などを頻発させました。

収入が生活保護基準を下回っている世帯のうち、生活保護を受給している世帯の割合（捕捉率）は、厚生労働省の推計で15.3％（2010年）に過ぎず、保護の必要な世帯の多くが、生活保護から取り残されています。

また、2013年、2018年には生活保護基準が引き下げられ、生活保護の抑制政策は続いています。

●訴訟の頻発

生活保護をめぐっては、1957年に提起された「朝日訴訟」をはじめ、保護基準や「水際作戦」をめぐって、憲法が保障する生存権規定や人権保障に違背するのではないかという訴訟が繰り返されてきました。2010年代の保護基準の引き下げについては、全国29か所で「いのちのとりで裁判」がたたかわれています。

★20
年金制度の変遷

戦前、国家の軍事・経済政策によって特権的な年金制度が形成された。戦後、日本国憲法にもとづいて改定され、1961年には国民皆年金が整い、国民的な運動のなかで改善が進んだが、80年代以降は、少子高齢化を理由とする年金の削減政策が進行した。

●年金改善は国家の責務

賃金労働者とその家族は、賃金収入を労働者本人の老齢、障害、疾病や死亡などによって得られなくなるとき生活できなくなるので、公的年金によって生活を保障されなければなりません。公的年金は生存権保障の主な手段であり、「国民年金法」の第1条は、制度の目的を「日本国憲法第25条第2項に規定する理念に基」くと定めており、国は、公的年金の制度の改善に努めなければなりません。

●戦前の特権的年金

1875年（明治8年）に職業軍人、84年には官吏（公務員）の恩給制度、民間大企業の鐘紡（1905年）や官営の鉄道（1907年）などで共済組合の年金が始まりました。労働者の公的年金については、財界が「事業主のおかげの感を持つことが大事」として抵抗し、整備が遅れました。戦時になって軍需労働力の確保と思想的動員、長期積立方式を取ることでインフレの防止や保険料の積立による資本蓄積という時局の要請にこたえるため、1939年に船員保険法（1939年）、1941年には男子労働者一般に適用する労働者年金保険（1944年に厚生年金法に改称）が生まれました。

戦前に整備されたこれらの年金は、国家や企業への忠誠心を高め、長期勤続を促進するとともに、長期積立金による戦費調達のためのものでしたが、こうした制度の発足は、戦後の、社会保障としての公的年金に衣替えをしていく土台になったとも言えます。

●社会保障としての年金制度へ

戦後、厚生年金保険は、給付の改善や被保険者・事業主・公益代表の3

者構成による厚生年金保険委員会の設置などの改定が行われ、1954年の全面改定では、年金給付を定額部分と報酬比例部分に分け、財政方式は完全積立方式から、5年ごとに修正する修正積立方式に変わりました。

高度経済成長政策の下で、1961年からの国民皆年金化に向けて1959年に制度化された国民年金は、20歳以上を被保険者として25年以上の被保険者期間を必要とし、支給開始年齢を65歳としました。また、拠出制年金と高齢者向けの無拠出福祉年金の二本立てとなりました。当初案では受給資格期間が40年拠出とされ、「孫のあめ玉年金」と批判されるほど年金額が低く設定されたので、国民年金改善の大運動が起きました。61年には年金制度間の通算制度が創設されました。

「福祉元年」と言われた1973年に、労働組合による全国的な「4・17年金ストライキ」などの国民的な運動に押されて、賃金・物価スライド制が導入され、厚生年金の標準的年金額を月額5万円に、また、将来の年金水準の目安を賃金の6割に引き上げ、障害および遺族年金の最低保障額を月額2万円に引き上げるなどの改善が行われました。

● 2000年代の年金制度の見直し

1980年代から、年金制度は縮減に向かい、少子高齢化を理由にした保険料の引き上げと年金額の削減が進行します。2004年の改定よって「マクロ経済スライド」制（高齢者と保険料を負担する現役世代の人口比率に対応して給付水準を調整する）が導入されて、年金の保険料引き上げ、年金額の自動切り下げの仕組みが作られました。一方、長期積み立ての仕組みは残り、年金支給額4年分程度に積み上がった積立金は、株式などへの投資資金とされ、政府の金融政策などに使われています。

今日、2010年代に行われた年金の切り下げを憲法違反とする「年金裁判」がたたかわれており、また、生活できる年金水準を確保するための「最低保障年金」創設の議論が広がってきています。

★21
社会保険はどう形成されてきたか

　社会保険は、保険原理と社会的扶養を組み合わせた国家による強制保険である。資本主義の発展とともに、国家と国民運動のせめぎあいの中で歴史的に形成されてきた。保険技術を利用しながらも、公費負担や事業主負担、給付水準の保障など、公的な制度としての特徴がある。

●社会保険の原理

　賃金労働者や農民、自営業者とその家族は、失業、疾病、労災などによる負傷と障害、老齢化などによる就労不能や要介護などの事故に、自己責任で私的に備えることは不可能です。社会保険は、こうした場合に、国家的に社会化された方法で備えるための仕組みです。

　保険とは、保険事業を営む者（保険者）との任意の保険契約のもとに、多数の者（被保険者）が保険料を出し合い、事故の際に保険金を給付するしくみ（保険原理）ですが、国家が主導し、対象者の加入を強制し、給付を公的に保障するのが社会保険です。

　保険には、自助的な保険料の拠出で経営される、営利事業としての保険会社による私的保険において典型的な保険原理にもとづく保険主義と、国営社会保険における、公費及び使用者負担（雇用労働者を被保険者として、事業主が保険料の一部を負担する）を典型とする社会的扶養主義があり、社会保険はこの原理的に異なる二つの方法を合成するものです。社会的扶養性が強いほど生存権保障的な社会保障としての性格が強く、保険主義が強いほど私的保険の性格が強くなります。このような社会保険の複合性は、その成り立ちの複合性と国家機能の複合性に由来します。

●複合的な社会保険の成り立ち

　資本主義の成立とともに、雇用され、労働力を提供して生活する労働者は、賃金収入による自助的な生活を強制されました。

　18世紀のイギリスでは、労働者が自主的に拠出しあって共済を展開させた（例えば、18世紀イギリスの友愛協会）のですが、貧困者どうしの助け合いなので、基金が不足して必要を満たすことができず、使用者や国

家に負担を求めるようになりました。

　ドイツでは、生活と労働における不満が高まり、労働者たちが社会主義化するのを防ぐことを主目的として、国営の労働者保険（1883年）が形成されました。それは社会主義鎮圧法という弾圧立法と一体でした。また、大企業が労働力を確保し、労務管理にも役立てようとするための企業共済がこれに合流し、国営の社会保険に発展していきました。

　こうした歴史的な流れの中で、各国で社会保険が成立していきました。

●国家機能の２つの側面

　国家には、人民を統治し管理する権力的支配機構としての側面があります。社会保険の形成においても、ドイツの労働者保険のように、社会主義化を防止するために制度化されたり、日本における戦時社会保険の急造のように、戦争目的のために思想的総動員と保険料の供出を利用したことなどに、権力的な側面が現れています。

　国家には、もうひとつの、国民の生存保障のために活動する役目があります。労働運動と社会保障運動が発展し、民主主義が成長すれば、社会保険を、主として生存権保障のために整備していくことができ、国家は、社会保障が重視される福祉国家に発展していきます。

　社会保険にも、それを中心とした社会保障にも、二者対抗的な二面性があり、国家権力と国民の運動の間のせめぎあいの中で、制度が動いていきます。

●民間保険との違い

　現代の日本には、健康保険、年金保険、労災保険、雇用保険、介護保険の５つの社会保険が制度化されています。保険財源においては、公費負担や事業主負担があること、加入が強制であること等に加えて、公的年金では、物価や貨幣価値の変動などに対応する給付額の調整が行われるなどの特徴があり、民間の私的保険とは大きな違いがあります。

★22
社会保障と自治体の仕事

住民の暮らしに直接向き合う地方自治体は、地域住民の生活の実情に即した福祉施策を実施する。地方自治の本旨は団体自治と住民自治であり、福祉の増進は自治体の基本的な役割である。住民参加、住民運動の民主的な発展が、自治体の福祉施策の拡充の大きな力になる。

●住民自治と団体自治

日本国憲法は第92条で「地方公共団体の組織及び運営に関する事項は、地方自治の本旨に基いて、法律でこれを定める」と、地方自治の原則を定めています。「地方自治の本旨」には「団体自治」と「住民自治」の2つの意味があります。

団体自治とは、自治体が国の下部組織や出先機関ではなく、法的に独立した団体として存在し、その団体が自己の責任で自己の固有の仕事を自己の機関で処理することです。地方自治体は、国に対して相対的に独立した存在なのです。住民自治とは、地域の政治や行政を地域住民の意思に基づいて処理するということです。そのために、憲法93条では、地方議会を設置し、地方自治体の長と地方議会の議員を、住民が直接選挙で選ぶこととしています。地方の政治と行政は、国政における議院内閣制とは異なり、首長と地方議員による二元代表制になっています。

●福祉の増進をはかることが基本

地方自治法では「地方公共団体は、住民の福祉の増進を図ることを基本として、地域における行政を自主的かつ総合的に実施する役割を広く担うものとする」「国は、住民に身近な行政はできる限り地方公共団体にゆだねることを基本として、地方公共団体との間で適切に役割を分担するとともに、地方公共団体に関する制度の策定及び施策の実施に当たって、地方公共団体の自主性及び自立性が十分に発揮されるようにしなければならない」（第1条の2）としています。また「その事務を処理するに当つては、住民の福祉の増進に努めるとともに、最少の経費で最大の効果を挙げるようにしなければならない」（第2条⑭）としており、「効率的な行

政」も「福祉の増進」を前提にしています。

●福祉施策に対する国庫負担

　国が役割を果たすべきものについて市町村が処理する業務を「法定受託事務」と言い、それ以外の業務を「自治事務」と言います。法定受託事務については、その事務処理についての基準が国から示されてきます。

　例えば、生活保護は法定受託事務なので、国が発する通達や指針に従って事務処理を行います。国民健康保険や介護保険などは、市町村が実施主体になっており、関係する法令の規定に沿いつつ、地域的な事情等に対応して独自の条例を定めて運営を行います。

　自治体が行う施策には、国税からの配分である地方交付税と住民税や地方消費税などの財源とともに、制度ごとに国の補助金や国庫負担金が充てられます。生活保護については、保護費の75％を国の負担とし、残りの部分については地方交付税の算定基準に加えられています。

●地方自治は民主主義の学校

　自治体は、住民の負担を和らげるために、一般財政から繰り入れて国保料や保育料、子どもの医療費の窓口負担を軽減するなど、自治体の判断で独自の福祉施策を実施しています。住民の暮らしに直接向き合いつつ、住民の要求や運動に対応し、地方議会で必要な条例を定めて、自治体の基本である「福祉の増進」をはかります。大企業やゼネコンの求めに応じて、福祉よりも都市開発を優先させる自治体もあり、住民の要求や運動が弱ければ、それだけ福祉が軽視されてしまうことにもなります。

　「地方自治は民主主義の学校」と言われるように、住民にとって自治体は身近な存在であるだけに、福祉施策を含めた「まちづくり」を、住民参加ですすめていくことが求められます。

　地方議会の決議等により、国に対して意見書を提出し、国の政策の改善を求めていくこともできます。

コラム②
日本の社会保障の水準は先進6か国中最下位
（★18 関連）

　OECDの社会支出（社会保障給付費）を国際比較すると、日本の社会支出の総額は、スウェーデンやフランス、ドイツ、イギリスよりもかなり高く、その理由は日本の総人口がこれらの国々の総人口よりもかなり多いからで、人口が多ければ社会支出が高くなるのは当然です。2015年現在、日本の総人口を100.0とすると、スウェーデンの総人口は7.6と東京都23区内の総人口とほぼ同じで、フランスは52.0、ドイツは63.9、イギリスは51.5です。仏独英3国の総人口はそれぞれ日本の総人口の半分程度なのです。

　社会保障のレベルを国際比較するには、社会支出を総人口で割った「国民1人当り社会支出」で比較することが必要です。算出すると、スウェーデン2万1,592ドル、フランス1万6,868ドル、ドイツ1万5,213ドル、イギリス1万3,326ドル、日本1万1,026ドルとなります。総人口が日本の2.51倍もあるアメリカの「国民1人当り社会支出」は1万7,843ドル。結局、日本は先進工業国6か国中、最下位です。

　スウェーデンの「国民1人当り社会支出」を100とすると、フランス78, ドイツ70、イギリス62、日本51、アメリカ83となります。日本の社会保障の水準はスウェーデンの半分、フランスの3分の2ということです。

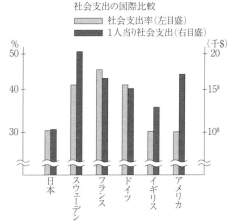

社会支出の国際比較

注1）社会支出率とは「OECD基準による社会支出の対国民総所得比」のことを意味する。　6か国の社会支出率（2015年）は、http://www.ipss.go.jp/ss-cost/j/fsss-h29/fsss_h29.asp より引用。
注2）各国の国民総所得と総人口は、UN "National Accounts Analysis of Main Aggregate" より引用。　詳しくは、https://unstats.un.org/unsd/snaama/Basic 参照
出典:唐鎌直義「日本の社会保障の本当のレベル」（『保団連新聞』2021年9月5日号所収）

第3章

社会保障の必然性を考える
—理念と運動—

2004 年春闘で 4 月 15 日に取り組まれた年金ス
トの様子／全労連提供

★23
労働者という存在

資本主義の成立とともに、多くの農民が土地から切り離され、雇用されて働く労働者が生み出された。低賃金でその日暮らしの労働者が生きていくためには、労働者の団結と社会保障の制度化が不可欠になった。

●労働者という働き方

労働者とは「企業に雇われて労働力を提供し、賃金を得て生活している人」のことを指します。これ以外の働き方としては、独立自営業者か資産生活者（富裕層）になるしかありません。今では、大部分の人が生涯を労働者として過ごしています。ただし生涯賃金に格差があるので、労働者にも相対的に豊かな人はいます。

このような働き方は、資本主義の成立とともに登場しました。その意味で、賃金労働者は「歴史的存在」です。労働者が歴史の舞台に登場した背景を探ることで、労働者という働き方（生き方）の今日的な意味を考えてみましょう。

●封建社会から資本主義社会へ

資本主義以前は封建社会でした。社会を支える経済的基盤は農業であり、広大な土地を所有する領主の下で、土地の利用（占有権）を認められた大勢の人が農業に従事していました。農民は耕作して得た農産物（欧州では主に麦、日本では米）の一部を年貢（税金）として領主に納め、残りは自家消費したり販売したりして、農民自身とその家族の生活を成り立たせていました。この「領主と農民」の関係を封建的生産関係と呼びます。この関係が安定的に続くためには、農民が土地にしがみついていることが必要で、領主は農民が勝手に移動しないように厳しく取り締まりました。身分制が敷かれて農民は半永久的に農民とされ、各地に関所が設けられて人と物の移動を厳重に監視していました。

商品経済が発展すると、商人たちにとっては、封建社会を維持するための身分制や物流の規制が利益獲得の障害になります。資産を形成した商人たち（ブルジョワジー、のちの資本家）は営業の自由を求めて封建制（王

制）そのものの打倒に立ち上がりました。これがブルジョワ革命です。フランス革命（1789年）の際にブルジョワジーが「自由・平等・博愛」を掲げたのは、それが資本主義の精神に他ならなかったからです。しかし彼らの「自由」は、労働者にとって二面性を持つものでした。「身分的自由」と「移動の自由」はプラス面でしたが、土地から切り離された「生産手段からの自由」と「貧困の自由」（自立自助）はマイナス面でした。平等は結局のところ形式的な平等に過ぎませんでした。

　社会が産業（工業）を経済的基盤とする資本主義に移行すると、工場で働く労働者が必要になります。農民を工場労働者として活用するために、強制と誘導の二つの方法がとられました。16世紀以降のイギリスでは、「囲い込み運動」によって、農民が暴力的に農地から追い出されました。人々は都市に流入して浮浪者になり、資本家が支配する工場で賃金労働者として働くしか生きる道のない状況に投げ出されました。こうして強制的に形成された労働者の大群を「プロレタリアート」（無産階級）と呼びます。17世紀にイギリスで制定された「救貧法」のもとでは、働ける浮浪者はワークハウス（労役場）に収容されて強制的に職業訓練を受けました。救済の名のもとに、労働者として働くように誘導されたのです。資本主義の下で新たに形成された「資本家と労働者」の関係を資本主義的生産関係と呼びます。

●労働者が生きていくために

　労働者として資本家の下で働くことを宿命づけられた社会、それが資本主義です。低賃金でその日暮らしの労働者が生きていくには、労働組合（働く者どうしの団結）によって労働条件を改善することと社会保障（困った時の生活保障）の制度化が不可欠になります。この両者を要求し勝ち取ることで、労働者は初めて資本家と互角にたたかう力を持てるようになりました。このような主体性を確立した労働者のことを「労働者階級」と呼びます。企業に雇われて生きるしかないからこそ、団結によって働く条件と環境を改善し、社会運動によって生活保障としての社会保障を形成していく主体になったのです。

★24
助け合いと社会保障

資本主義の発展にともなって、労働者は、助け合い、団結してたたかうことで生活の維持・向上をはかり、そのための労働組合が生まれた。戦後の日本でも、労働組合による自主的な福祉運動と社会保障運動が展開されてきた。

●労働者の助け合いが始まる

資本主義が発展するにつれて、工場が立ち並ぶ都市では、たくさんの労働者が街にあふれました。労働者たちは、工場の近くの居酒屋で、グチや不満を言い合いながら、いつもの仲間が顔を見せなくなると心配し、ケガや病気で寝込んだとなると、「みんなで見舞いをするか」ということにもなります。そんなことが重なり、日ごろから少しずつ出し合って、助け合いの資金を蓄えておくようになりました。今でいう「共済制度」の始まりです。資本主義が最も早く発展した18世紀のイギリスでは「友愛協会」と呼ばれる労働者の助け合い組織がたくさんつくられました。

●労働組合の誕生と社会保障要求

こうした助け合い組織は、労働者どうしの結びつきを強めることになり、賃金や労働条件について、団結して事業主に改善を求め、時にはストライキを起こしたりします。こうして助け合い組織は労働組合に発展していきます。当初、禁止され弾圧された労働組合は、たたかう法的権利をも獲得していきます。イギリスでは1824年に労働組合が合法化されました。

助け合い活動についても、労働者は低賃金でしたから、わずかな基金では十分な給付はできないので、労働組合として、事業主に対し資金援助を求めるようになります。それは企業ごとの共済組合という形態を生み出し、また、国家による社会保険の整備をはじめとする社会保障制度へと発展していくのです。

●労働者福祉運動と社会保障運動

戦後の日本では、戦争による国土と経済の荒廃から、経済の復興と労働

者・国民の生活の再建が課題になりました。1945年に労働組合法ができ、また、46年制定の日本国憲法28条によって労働組合の団結権が保障され、労働組合の組織化が進みました。

　1949年に、産別会議や労働総同盟などの労働組合の全国中央組織（ナショナルセンター）によって、中央物対協（労務者用物資対策中央連絡会議）が結成され、「互助共済機能の活発化による福祉の増進、社会保障制度の確立、労働者の生活福祉問題解決のための政治的結集をはかる」と宣言します。1951年には日本生活協同組合連合会（日生協）が結成され、労働金庫（1950年、兵庫）や地域的な労働組合共済（1954年、大阪）などの自主福祉事業団体が発足します。

　中央物対協は、50年に中央福対協（のち、中央労福協）へと組織改編し、労働組合と日生協や全国組織になった労働金庫、労済連などの福祉事業団体とともに、労働者福祉運動をすすめ、その一方で53年には「福対協を社会保障運動の意思統一の場とする」としました。

　この間、ナショナルセンターは、総評、同盟、中立労連、新産別の4団体に再編されており、58年の中央社保協の結成（★29）によって、日本の労働者福祉運動は、助け合い活動をすすめる労福協と社会保障改善の運動をすすめる社保協の二本立てですすめられました。

　中央労福協は、74年の総会で「労働者福祉運動は、国に対する社会保障拡充の闘い、資本に対する企業内福祉の闘い、労働者の意思に依拠しておこなわれる共同事業の活動、これらの総合した力の中で拡大し発展していくものである」とうたいました。

★25
ゆりかごから墓場まで（ベヴァリッジ報告）

第二次世界大戦のさなかにイギリスで発表された『ベヴァリッジ報告』は、世界各国の社会保障政策に大きな影響を与えるとともに、「ゆりかごから墓場まで」と称される戦後イギリスの社会保障の出発点となった。

●新しい国家建設の計画書

第二次世界大戦さなかの1942年10月、ナチス・ドイツの激しい空爆に見舞われ、瓦礫の山と化したイギリスのロンドンで、社会保障に関するある重要な政府文書が発表されました。その正式タイトルは『社会保険と関連サービス』です。ウィリアム・ベヴァリッジが執筆したことから『ベヴァリッジ報告』と呼ばれています。この文書は、ファシズムとの戦いに勝利した後に、イギリスに社会保障を中心とする新しい国家を建設するための計画書として作成されました。その内容は極めて斬新であり、終戦後、世界中の主要な国々で社会保障計画策定の参考書として活用されました。日本の「皆保険・皆年金計画」（1959年）もこの文書の影響を受けています。

●累進税制と均一給付による富の再分配

この文書は「ゆりかごから墓場まで、全ての人がナショナルミニマム（国民の最低限の生活水準）以下に陥らないように所得を保障する」ことを一番重要な目標に掲げています。

この最低生活保障は文字通り「どんな場合でも全ての人に」適用されるものです。社会保障に関する国の第一義的役割は、国民が貧困に陥らないようにすることですから、社会保障給付は国民全員に対して貧富の差に関係なく均一額に設定されました。年金も傷病手当金も失業手当も、全て全員同一額の最低生活費を支給されます。困ったときに最低生活費以上の暮らしを送りたいならば、それは個人の努力で実現するべき部分であって国の役割ではないとベヴァリッジは述べています。

これを実現するために、ベヴァリッジは、公的扶助制度ではなく社会保

険制度に大きな役割を与えました。国民生活において生じるあらゆる経済的困窮に対して、基本的に全て社会保険制度で対応しようとしたのです。社会保険制度の場合、国に保険料を納める義務があるので、国民は「受給の権利」を意識できるようになると考えたからです。

　給付水準を最低生活費に一本化し、保険料の水準も国民全員平等の均一額負担としました。この点に関して日本では、保険料が定額では富裕層優遇・低所得層冷遇の制度になると強く批判されてきました。富者ほど重く負担し、貧者の負担を軽くすることで、所得の再分配が図れると考えるからです。しかし、この文書を丹念に読むと、社会保障財政に占める保険料収入の割合は最大40％と見積もられていて、残りの60％を所得税中心の国税でまかなうと試算されています。イギリスの場合、保険料負担は労使折半ではなく、事業主負担が高いので、実質的に労働者の保険料は社会保障収入全体の15％程度と考えられます。累進性の高い所得税で充分に所得の再分配を図れるので、保険料は均一額でよいとベヴァリッジは考えました。保険料を多く支払った人が、その分高い金額の給付を要求することをしりぞけるためです。

●均一給付から所得比例給付へ

　最低生活費を確実に支給することに限定された社会保険制度から一番の恩恵を受けるのは低所得層です。『ベヴァリッジ報告』は、中間層以上の国民にはあまり有り難くない制度でした。ベヴァリッジは、社会保障の真の目的である「貧困の除去」の解決方法を提示しようとしたのです。

　先進国では一般に、社会保障制度は中間層ほど上手く活用できると言われています。年金給付の所得比例制を採用しているからです。雇用の安定した中間層ほど、保険料の積立額が多くなり、老後に高い年金を受け取れる仕組みです。

　完全平等主義のベヴァリッジ体制は1948年にスタートしましたが、1951年には、上層労働者の強い要求に逆らえず、年金に所得比例制が導入されました。こうしてベヴァリッジの「革命」は3年で変質させられましたが、平等を高らかに主張した彼の理想は、イギリスの医療保障制度「国民保健サービス」（ＮＨＳ、無料の医療）に脈々と受け継がれています。

★26
社会保障の世界史的な発展

　現代社会において、社会保障は「生活の条件」になっている。その社会保障は自然に生まれたのではなく、資本主義体制の矛盾と労働者・国民の生活要求、そして国民的な運動の到達として形成され、発展してきた。

●貧困の発見

　資本主義が最も早く発展したイギリスでは、社会保障の「前史」として、1601 年に「エリザベス救貧法」が始まり、18 世紀には労役場<ruby>労役場<rt>ろうえきじょう</rt></ruby>制度による浮浪者に対する強制就労が行われ、1834 年の新救貧法では、救済水準の統一と劣等処遇（自活している労働者の生活水準以下）が原則とされました。それは社会保障とは言えず、懲罰・見せしめ的な救貧政策でした。1880 年代になると「失業は道徳の欠如や怠惰の結果ではなく、社会の問題である」として失業救済が行なわれ、ブースやラウントリーの貧困調査によって、貧困は社会の問題であり、国家による制度的対応が必要であることが明らかにされていきました（貧困の発見）。

●社会保障の形成

　19 世紀後半から社会主義運動が活発化し、ドイツでは 1878 年に「社会主義鎮圧法」が制定される一方、懐柔策として、疾病保険法（1883 年）、労働者災害保険法（1884 年）、老齢廃疾保険法（1889 年）が成立しました。これらは、労働者の共済組合を取り込み、「互助」を基本にしたまま国家補助を投入して強制保険化したものでした。

　ロシアでは、1918 年に、社会主義革命を指導したレーニンの「労働者保険綱領」の提案に基づいて、全額国庫負担（事業主からの納付金）による疾病保険と失業保険が実施されました。

　アメリカでは、1910 年代から、労働災害補償、失業法制定、老齢年金などを要求する労働者運動が高揚し、1929 年の大恐慌を克服するためのニューディール政策の一環として、1935 年に「社会保障法」が成立しました。ニュージーランドでは、1926 年に家族手当が導入され、1938 年に

は総合的・体系的な「社会保障法」が制定されています。

●第二次世界大戦後の発展

　1941 年の大西洋憲章（世界大戦終了後の国家のめざす目標を提示した
アメリカとイギリスの共同宣言）では、「より良い労働基準、経済的進歩
および社会保障をすべてのものに確保する」として社会保障の世界的な展
開への協力がうたわれました。ＩＬＯ（国際労働機関）は、同年の総会で
「大西洋憲章の支持に関する決議」を採択し、1942 年には、社会保険と社
会扶助を結合すべきとした「社会保障への途」とする報告が出され、44
年の総会における「フィラデルフィア宣言」では「貧困は繁栄の脅威とな
る」「欠乏に対して、各国内における社会保障の措置を拡張すること」と
して、達成されるべき社会保障計画を規定しました。

　イギリスでは、1942 年に、社会保険を基軸とした社会保障の構想とし
て「社会保険および関連サービス（ベヴァリッジ報告）」が出され（★ 25
参照）、戦後イギリスの「ゆりかごから墓場まで」と言われる社会保障の
制度化に生かされました。

　こうした発展を受けて、1948 年の国連による「世界人権宣言」では、
基本的人権、生存権保障、社会保障を受ける権利などがうたわれまし
た。こうした世界の流れが日本国憲法にも受け継がれました。

●社会保障は、発展していく

　今日、自己責任と自助・共助を強調する新自由主義の広がりと福祉の見
直しの動きは、各国の労働者・国民の抵抗を呼び起こし、格差と貧困の拡
大に対する批判が広がり、社会保障の諸制度は政府と国民運動のせめぎあ
いの中で揺れ動いています。

　労働者・国民から見たとき、一時的には制度の後退があったとして
も、その時々の暮らしの実情から生まれる要求、そして人権や民主主義の
発展に支えられて、社会保障は発展していくに違いありません。

★27
社会保障綱領・憲章による社会保障の諸原則

第二次世界大戦後、世界の労働組合が集まって、社会保障の諸原則について議論した。その成果が、1953年の「社会保障綱領」、61年・82年の「社会保障憲章」であり、各国の社会保障運動の指標となった。

●世界の労働組合による社会保障会議

第二次世界大戦後の社会保障の発展は、労働組合ぬきには語れません。1953年に、世界労働組合連盟（世界労連）が、ウィーンで社会保障会議を開催し、「社会保障綱領」を採択しました。61年には同じく世界労連の第5回大会がモスクワで開かれ、「社会保障憲章」を採択、さらに82年にはハバナで第10回大会をひらき、同じく「社会保障憲章」を採択しています。これらの「綱領」「憲章」は、各国の労働組合運動に大きな影響を与えました。日本の労働組合や市民団体においても社会保障運動の貴重な指標とされ、今日にひきつがれてきています。

●「綱領」「憲章」が示す社会保障の諸原則

これらの文書（53年綱領、61年憲章、82年憲章）では、すべての労働者・国民のための社会保障制度はどうあるべきかという原則とともに、労働組合が取り組む社会保障運動の視点と方向性についても明らかにしています。

第1に、「真の社会保障制度は、自分の労働で生活している人、働くことのできない人、一時的または永久的に労働能力を失った人のすべて、およびその家族構成員に、本人による何らの財政的負担なしに、法律で保障された基本的な社会的権利を承認することを土台としなければならない」（61年憲章）として、社会保障を受ける人たちのすべてが、その権利を法律で保障される必要性があるとしています。また今日的課題でもある「適用除外」とされている労働者について「農業、家事労働者、季節、臨時、家内労働者、見習い」や「小作人、職人、専門職労働者、自営業者」などに特別の注意が払われなければならないとしています。救貧法的な公的扶助（★16、★26参照）などは、権利としての社会保障に変える

必要があると指摘しています。

　第2に、社会保障の適用範囲について「その原因と理由に関わりなく、保護、あるいは社会的援護が必要な、あらゆる場合及びすべての危険が考慮されなければならない」としています。具体的には「疾病、出産、障害、老齢、死亡、子どもや他の扶養家族を伴う家族の経費の増加、労働災害、職業病、失業」などをあげています。

　第3に、「保健、医療」について、「予防措置、医療およびリハビリテーションのすべて」を無料で保障することを強調しています。

　第4に、「社会的ニーズ（生計費、賃金など）の増大にスライドされた水準」が保障されなければならず、それが「不公正な課税」などによって失われてはならないと指摘しています。

　第5に、社会保障の無差別、平等の権利について、「社会保障の権利は、人権、国籍、宗教、性別、年齢、職業にもとづく差別なく、万人に平等でなければならない」としています。

　第6に、「権利行使を妨げることのないよう」に法律は、できるかぎり、わかりやすいことが大切であり、労働者、市民には「なされた決定に対し、訴訟を提起する権利を有しなければならない」としています。権利を主張するためには、制度がわかりやすく、また、異議を唱え、裁判に訴える権利がなければならないのです。

●財源と民主的な管理運営

　第7に、財源問題について、「社会保障の財源は主として雇用主により、特に利潤からの控除を通じてまかなわなければならない。財源はまた国によっても供給されるべきである」としています。

　第8に、「社会保障は、民主的方法で運営されなければならない」という管理運営の民主主義的方法を提起し、労働者や国民の代表参加によることが必要であることを強調しています。

　いずれの原則も、私たち日本の労働者、国民にとって、今日的にも重視されていかねばならないものだと言えます。

★28
憲法と平和的生存権

> 　日本国憲法の平和的生存権、基本的人権の保障は、世界史的な平和・人権思想の到達とつながっている。政治は、国民のすべてに対して個人として尊重することを基本としなければならず、国は、生存権保障と社会保障の整備・増進の責任を負っている。

●社会保障と日本国憲法

　日本には社会保障に関する統一法典のようなものはありません。私たちが、社会保障に関する基本的な権利、原則について確認する法律の土台は、日本国憲法です。

　そこで、日本国憲法は、社会保障の位置づけについて、どのように考えているのか、という点を見ておきましょう。

●世界の平和・人権思想と日本国憲法

　大前提となるのが、憲法前文です。そこでは、まず「政府の行為によって再び戦争の惨禍が起こることのないようにすることを決意し、ここに主権が国民に存することを宣言し、この憲法を確定する」とあり、さらに「われらは全世界の国民が、ひとしく恐怖と欠乏から免かれ、平和のうちに生存する権利を有することを確認する」としています。これは、憲法第9条とあいまって、平和的生存権を規定したものと解されますが、この規定は、憲法制定の過程において、1941年の大西洋憲章（英米共同宣言）が「すべての国のすべての人類が、恐怖および欠乏から解放されて、その生命を全うすることを保障するような平和が確立されることを希望する」と規定していることを参考にしたといわれています。いわば、長年にわたる全世界の人民の意思だということです。

　このほか、日本国憲法につながる世界史的な流れと文献には、ＩＬＯ（国際労働機関）による『フィラデルフィア宣言』、国連（国際連合）による『世界人権宣言』などがあります。フィラデルフィア宣言では「すべての人間は、人種、信条又は性にかかわりなく、自由および尊厳並びに経済的保障及び機会均等の条件において、物質的福祉及び精神的発展を追及す

る権利を持つ」（1944年、ＩＬＯ第26回総会）と主張しています。世界人権宣言では、「何人も社会の一員として、社会保障を受ける権利を有し、且つ、国家的努力及び国際的協力を通じ、また各国の組織および資源に応じて、自己の尊厳と人格の自由な発展に欠くことのできない経済的、社会的及び文化的権利を実現する権利を有する」（1948年、国際連合第3回総会の宣言）と宣言しています。

　憲法第12条と97条には、こうした世界史的提言が、日本国憲法に生かされていることが明示されています。第97条は、基本的人権の本質として「この憲法が、日本国民に保障する基本的人権は、人類の多年にわたる自由獲得の努力の成果であって、これらの権利は、過去幾多の試練に堪え、現在および将来の国民に対し、侵すことのできない永久の権利として信託されたものである」と言います。そして、第12条で、「この憲法が、国民に保障する自由および権利は、国民の不断の努力によって、これを保持しなければならない」と言うのです。

●平和的生存権と国の責任

　憲法前文の「恐怖と欠乏から免かれ、平和のうちに生存する権利」に対応し、第9条で「戦争を放棄する」としたうえで、第13条と第25条で、社会保障の理念が導かれています。13条では、「すべて国民は、個人として尊重される。生命、自由、幸福追求に対する国民の権利は、公共の福祉に反しない限り、立法その他の国政の上で最大の尊重を必要とする」と明記しています。第25条では、「す

べて国民は、健康で文化的な最低限度の生活を営む権利を有する」としたうえで、第2項に「国はすべての生活部面について、社会福祉、社会保障及び公衆衛生の向上および増進につとめなければならない」としています。国民のすべてに対して、個人として尊重することを政治の基本とし、生存権保障、社会保障の整備・増進についての責任を国に課しているのです。

　戦後の社会保障運動は、こうした平和的生存権、基本的人権を守ることを土台にすえて、すすめられてきました。

★29
戦後初期の運動と中央社保協の結成

戦後の民主化と労働組合運動の高揚の一方で、アメリカの対日政策の転換のもとで、平和的生存権を守る国民的な運動が取り組まれ、労働組合と各分野の運動団体の共同のたたかいが広がった。1958年には、社会保障運動の全国センターとして、中央社保協が結成された。

●戦後初期の社会保障運動の3つの軸

終戦直後の社会保障運動には、3つの「軸」がありました。

第1は、終戦とともに日本を占領した、アメリカ占領軍（GHQ）の民主化政策による改革です。来日したアメリカの社会保障調査団の報告（ワンデル報告、1947年12月）では、当時の諸制度を分析し批判を加えたうえで「日本国憲法25条にもとづいた整備をはかるべき」と指摘しました。

第2は、労働組合の組織化が一気にすすみ、新たに結成されたナショナルセンター（労働組合の全国中央組織）である産別会議、労働総同盟などによる政治的課題や社会政策にかかわる提唱と労働者の運動、さまざまな分野の社会運動の広がりと社会党、共産党の連携などによる、国民要求の政治への反映がありました。

第3は、戦後のさまざまな分野での民主化の前進とあいまって、良心的な学者や専門家による社会保障の理念や制度論の提示が、制度改革に一定の影響を及ぼしました。47年当時、すでに厚生省のなかに社会保障研究会がおかれ、総理大臣への諮問機関として設置された社会保障制度審議会による1950年の勧告（「50年勧告」）へと至ります。

新憲法の成立（1946年公布、47年施行）をうけて、こうした3つの軸が関連しあいながら、戦後復興期の社会保障制度の整備がすすんでいきました。

●MSA反対闘争

アメリカの世界戦略の下で、当初、日本の民主化・非軍事化を進めたGHQの対日政策が転換し、高揚する労働組合運動や民主化運動への介入や弾圧が行われるようになり、1950年には朝鮮戦争が勃発し、日本の再軍

備への動きが強まります。日米安全保障条約が締結（旧安保条約、1951年）され、50年に創設された警察予備隊が改組されて自衛隊が発足（1954年）します。労働組合や市民団体は「戦争反対」「憲法を守れ」「平和的生存権を守れ」と声をあげていきます。

　この時期の特徴的な運動のひとつが、1954年のＭＳＡ予算に反対し社会保障を守る運動です。日米相互防衛援助協定（ＭＳＡ協定）が締結され、アメリカの要求に応じて、再軍備費用の捻出のために予算を組み替え、社会保障関係予算を大幅に削減しようとした政府に対して、国民的な反対運動が広がりました。社会保障業務にかかわる労働組合や日本患者同盟、全生連や民医連などの医療関係団体、そしてナショナルセンターとして総評（日本労働組合総評議会、1950年結成）などが集まって「社会保障を守る会」を結成し、連日のように対政府交渉を行うなどの大運動を展開し、再軍備予算を撤回させるという大きな成果をあげたのです。

●中央社保協の結成

　1955年に労働組合の「春闘」が始まり、労働組合運動が前進していきます。「社会保障を守る会」の運動の成果が引き継がれ、労働組合や医療・福祉にかかわる諸団体の連携によって共同闘争が発展し、57年にはじまった「朝日訴訟」（★30、★45参照）への支援も広がりました。こうした中で、総評をはじめとする労働組合、社会保障・福祉の各分野の運動団体、社会党・共産党などが参加して、1958年に中央社保協（中央社会保障推進協議会）が結成されました。労働組合運動の中への社会保障運動の広がりがもたらされ、また、地方の社保協づくりも進められました。中央社保協は、その後の社会保障運動の全国的なセンターとしての役割を発揮していきます。

　60年代にかけて、「皆保険・皆年金」運動、「ポストの数ほど保育所を」の運動、「小児マヒから子どもを守る」運動などが展開され、労働組合では、社会保障運動とともに、労働者福祉・共済運動も進められていきます。73年の春闘では、労働組合の全国統一ストライキによって、年金制度の改善が勝ち取られました。

★30
労働組合が果たしてきた役割

　社会保障制度の後退に反対し、改善を求める国民的な共同の運動が生まれ、発展した。労働組合は、国民的な共同の運動のつなぎ役・推進役としての役割を果たしながら、賃金・雇用などの労働組合としての中心的な課題と最低賃金、生活保護、年金などの最低生活保障要求を結び付けて運動を展開していった。

●中央社保協とナショナルセンター

　1958年に、「社会保障を守る会」をはじめとした社会保障運動における国民的な共同の発展を土台にして、中央社会保障推進協議会（中央社保協）が結成され、各地方でも都道府県レベルの「社保協」が結成されて、全国的、系統的な社会保障運動の展開が可能になりました。

　社会保障運動の全国的なセンターとしての中央社保協の機能を支えるうえで、重要な役割を担ったのが労働組合であり、とりわけ、ナショナルセンター（労働組合の全国中央組織）である総評（日本労働組合総評議会）の存在でした。

　中央社保協の結成に向けて、総評、日本医労協（現・日本医労連）、全生連（全国生活と健康を守る会連合会）、全国看護人労組、全社協職組、全日本民医連、日本患者同盟による世話人会がおこなわれ、結成に際しては、労働組合や各分野の運動団体（市民団体）、社会党、共産党など48団体が参加し、学者・専門家も加わりました。

　結成後は、総評会館内に事務所を置き、事務所の経費も総評が負担し、事務局長は総評の役員から選出され、市民団体との共同を強める配慮として、市民団体からも事務局員が派遣されました。

　社保協結成に対応して、総評本部内でも社会保障対策本部がつくられました。諸分野の市民団体との連携を大事にしながらも、ナショナルセンターの総評が中核的な役割を担ったことで、社会保障運動が労働組合運動の中に広げられていきました。地方の社保協でも同様の体制がとられて、運動は全国に波及していきました。

●最低賃金と社会保障は車の両輪

1957年にはじまった「人間裁判」と称される「朝日訴訟」は、生活保護の改善を求めるたたかいでしたが、ナショナルミニマム（国家が国民に保障する生活水準の最低限度）としての生活保護のあり方を問うことで、あらためて、憲法25条の生存権保障の意義に光を当てるものでした。

当時の労働組合は、賃金の改善と雇用の確保・安定を重点課題としていましたが、その課題が、生活保護や年金などの水準の改善と関連しているという認識が、朝日訴訟支援の運動を通して広がりました。

59年に中央社保協と総評が共催して開かれた「全国一律最賃制獲得・社会保障推進全国代表者会議」では、「最賃と社会保障は車の両輪」とのスローガンが掲げられ、全国一律最低賃金制確立の運動と生活保護基準の引き上げを軸とした社会保障運動のドッキングがはかられ、労働組合と市民団体が共同して、政府に対する運動を繰り広げたのです。

1973年・74年の春闘では、賃金の大幅引上げを勝ち取るとともに、「年金スト」によって年金が改善され、最低賃金制の改善運動も前進し、春闘は「国民春闘」と名を変えて、賃金とともにさまざまな生活要求を掲げた国民的な共同闘争が展開されていくのです。

●戦争と失業に反対し、社会保障を拡充する大行進

憲法9条と25条を結びつける60年代の運動も、労働組合が大きな役割をはたしました。1959年の「戦争と失業に反対し、社会保障を拡充する大行進」では、総評、中央社保協、平和団体、女性団体、農民や中小企業団体、青年・学生、社会党、共産党など37団体による実行委員会が構成されて全国2000キロを踏破し、参加者は延べ500万人に達しました。このとりくみは、全国各地で地方社保協が結成されていく契機となりましたが、こうした運動のつなぎ役、推進役として、労働組合は大きな役割を果たしました。

★31
社会保障制度の後退と高齢者の貧困化

　1970年代後半から「高齢化社会危機論」がふりまかれ、「福祉見直し」へ舵を切られた結果、高齢者への社会保障給付の削減が進行し、貧困層に転落する高齢者が増大し続けるようになった。

●福祉国家たたきと日本型福祉社会論

　高度経済成長が終わりを告げた1974年以降、旧厚生省によって「高齢化社会危機論」がしきりに喧伝されるようになりました。これを機に、73年4月の国会で田中角栄首相が表明した「福祉元年」への期待は急速にしぼみ、一気に「福祉見直し」の機運が高まることになります。

　こうした時代の流れに呼応するかのように、社会保障の先進国とみられていたヨーロッパに対する「福祉国家たたき」が急速に台頭しました。

　自由民主党研究叢書8『日本型福祉社会』（自民党広報委員会出版局、1979年）が刊行され、スウェーデンなどの福祉国家を「正直者が損をし、怠け者が得をする社会＝スウェーデン病」ときめつけ、日本はヨーロッパ型福祉国家の後追いをしてはダメで、増加する高齢者を家族と地域の力で支える「日本型福祉社会」を目指すべきだと主張しました。

　これ以降1982年の第二次臨時行政調査会答申に至るまでの時期は、戦後ヨーロッパ型福祉国家に対するイデオロギー攻撃が熾烈を極めた時代でした。政府、マスコミ、研究者、文化人など総動員体制で「福祉国家ダメ論」が展開されました。革新自治体による老人医療費の無料化以来、国民の中に醸成されつつあった福祉拡充の願望を、根こそぎ除去しにかかる政財界側からの猛烈な運動でした。この時期を分水嶺に、日本の社会保障は今日に続く見直し・後退へと向かい、その方向性を「高齢者金持ち論」と「負担力ある高齢者論」がバックアップしていきます。

●年金、医療、介護に見る給付削減

　別表（76頁）は、2000年以降2017年までの社会保障給付費の推移をみたものです。総額ではわかりづらいので、総人口で除して「国民1人あたりの給付費(年額)」で表示しました。併せて、現在顕著に貧困化が進ん

でいる高齢者の状況を見るために「高齢者１人あたり社会保障給付費」を算出し、その内訳を年金、医療、介護に３区分して、下段には2000年の給付額を100とした場合の指数表示を載せました。

「高齢者１人あたり年金給付費」は2011年以降低下し始め、2017年まで一貫して低下し続けています。指数表示では、2011年の98に対して2017年は88しかなく、６年間で10ポイントも年金が引き下げられたことがわかります。

「高齢者１人あたり医療給付費」は早くから大きく低下し始め、2010年に底を打った後、2015年に少し回復し、その水準が継続しています。

唯一増加してきたのは「高齢者１人あたり老人福祉サービス給付費」で、介護保険スタート時の39万円余から2014年の57万円余まで上昇し（1.46倍）、それ以降水準維持の状態です。しかし、高齢人口に占める介護保険利用者率はこの間に上昇したので（９％から16％へ1.8倍）、利用者一人あたりでは減少しています。介護保険発足時の給付水準すら維持できていないのが実情です。

以上３者を総合した「高齢者１人あたり社会保障給付費」を見ると、2000年以降2012年までは大きな変化はなく240万円前後で推移してきました。明確に下がり始めたのは、2012年の第二次安倍政権発足以降のことで、2017年では約226万円にまで低下しています。これは、年金支給額の引き下げが大きく影響しており、2000年の100から2017年の94まで、17年間で６％削減されました。社会保障の給付水準は明らかに後退しており、近年のアベノミクス下で加速化した問題であることがわかります。

●貧困層に転落する高齢者

こうした給付（収入）面での後退に加え、保険料の引き上げ、消費税率の引き上げなどの負担（支出）面での強化が断行され、貧困層に転落する高齢者が年々増大しています。国は高齢者の最低生活をどのように保障するかという観点から、高齢者の負担と給付の両面を見直すべきです。

表　高齢者1人当たり社会保障給付費の推移

（単位：円、2000年＝100）

	国民1人当り社会保障給付費	非高齢者1人当り社会保障給付費	高齢者1人当り社会保障給付費	高齢者1人当り年金給付費	1人当り高齢者医療給付費	1人当り老人福祉サービス給付費
2000年	617,207	239,541	2,413,680	1,777,355	693,492	396,138
2005年	694,975	253,000	2,405,598	1,755,221	582,891	512,139
2010年	821,705	346,357	2,411,252	1,755,604	550,005	529,126
2011年	846,035	366,425	2,427,103	1,745,287	558,460	536,247
2012年	854,776	361,066	2,406,638	1,718,454	558,566	552,778
2013年	869,258	367,220	2,371,229	1,680,567	563,401	563,333
2014年	882,137	382,430	2,304,428	1,618,567	560,260	577,236
2015年	903,695	399,538	2,296,321	1,599,657	579,710	576,281
2016年	932,868	430,162	2,274,868	1,579,144	583,343	574,004
2017年	948,972	442,384	2,268,552	1,556,919	585,153	576,442
2000年	100	100	100	100	100	100
2005年	113	106	100	99	84	129
2010年	133	144	100	99	79	134
2011年	137	153	101	98	81	135
2012年	138	151	100	97	81	140
2013年	140	153	98	95	81	142
2014年	143	160	95	91	81	146
2015年	146	167	95	90	84	145
2016年	151	180	94	89	84	145
2017年	154	185	94	88	84	146

注）高齢者関係給付費の中の「高年齢雇用継続給付費」は対象者が限定されていることから除外した。
　　2015年度現在の給付費は1,725億円であり、高齢者関係給付費に占める割合は0.22％に過ぎない。

注）高齢者1人当り社会保障給付費と高齢者1人当たり年金給付費は、それぞれの給付費総額を65歳以上人口で除して算出した。高齢者1人当たり高齢者医療給付費は、給付費総額を70歳以上人口で除して算出した。高齢者1人当たり老人福祉サービス給付費は、給付総額を75歳以上人口で除して算出した。

資料）国立社会保障人口問題研究所『社会保障費用統計』（平成29年度版）第19表　高齢者関係給付費の推移（1973 ～ 2013年度）を参照。www.ipss.go.jp/ss-cost/j/fsss-h29/fsss_h29.asp 参照。

出典）全国年金減額違憲訴訟、唐鎌直義東京地裁提出意見書。

コラム③
福祉国家たたき
（★ 31 関連）

　1970 年代中葉から、イギリスなどを事例にあげて、福祉の拡充を敵視する論調が広がりました。

　最初の「イギリスたたき」本は、木村治美著『黄昏のロンドンから』（PHP 出版、1976 年）です。大宅壮一ノンフィクション大賞を受賞し、ベストセラーになりました。イギリスに留学する大学教授の夫に同行した妻が、1 年余の滞在経験だけを元に帰国後、福祉国家の悪口を書き散らした本です。「経済が停滞している、国民が働かない、社会が非効率＝英国病」がその主な内容でした。

　人間と同様に、どの国にも良い所と悪い所があるはずなのに、ことさら悪い所だけを取り上げて批判するのは、福祉国家を嫌うイデオロギーに強く突き動かされてのことだったのでしょう。

★ 32
社会保障・福祉の理念の変質

　80年代以降、新自由主義的な社会保障改革が進行し、一方で格差と貧困が拡大した。国民生活における自己責任と自助・共助・公助論が強調されるようになり、社会保障の理念の変質が進行した。

●高齢者に負担を強いる「全世代型社会保障」

　2012年からの「税・社会保障一体改革」と「社会保障改革推進法」が、消費税の10%への税率引き上げで一区切りし、その後の「改革」として、2019年からは、「すべての世代が安心できる社会保障改革」とうたう「全世代型社会保障改革」が始まりました。「いくつになっても意欲さえあれば働くことができる」「生涯現役、生涯活躍の社会を実現するため、雇用制度をはじめ社会保障制度全般の改革を進める」として、高年齢者の就業機会を広げて年金保険料を負担できるようにし、高齢者の医療費の窓口負担を増やしていこうとするものです。2000年代の年金改革で導入されたマクロ経済スライドなどで、現在と将来の年金の支給水準が抑制される中での、高齢者の負担増です。

　こうした負担増と給付の抑制を中心とする「社会保障改革」は、1980年代からはじまり、90年代に本格化した「新自由主義改革」が、形を変えながら今日に引き継がれています。

●世界的な新自由主義の抬頭

　1970年代のはじめ、戦後最大といわれる経済不況・恐慌が世界をおそいました。日本でも深刻な経済的、財政的危機が進行しました。不況とインフレの同時進行（スタグフレーション）というかってない情勢に直面し、かつてのケインズ経済学（国家によって需要をつくり出し、完全雇用によって社会を安定化させる）に変わって、ハイエク、フリードマンなど新自由主義学派といわれる経済学が脚光をあびるようになりました。

　新自由主義の経済学は、スタグフレーションの原因は「大きな政府」にあり、経済、財政危機の主要な要素は、「行き過ぎた」社会保障・福祉の結果だと主張しました。そこから「小さな政府」の名で、国の役割を軍

事、防衛に限定し、大企業優先の大型公共事業は温存する一方で、社会保障費用を削減して、大企業や富裕層の税負担を軽減していきました。

　こうした政策は、国民に対して「自己責任、自助努力」を強い、基本的人権である社会保障の理念の全面的な解体をおしすすめることになります。新自由主義改革を率先して強行したのが、70年代末から80年代へかけてのイギリスのサッチャー政権（79年〜90年）、アメリカのレーガン政権（81年〜89年）でした。

●社会保障改革と理念の変質

　日本においても、80年代の臨調行革によって、老人医療の無料化の廃止をはじめ、健保本人の窓口負担の導入、年金額の引き下げ、受給者切りすての生活保護の適正化などが実施され、89年には、低所得者の負担率が高くなる逆進性の強い消費税が導入されました。

　90年代以降に本格化した「改革」により、社会保障予算の算術的な削減、被用者年金（厚年、共済）の支給年齢の引きのばし、健保本人窓口負担の3割へ引き上げなどが実施され、税制では法人税の軽減、所得税の累進の緩和などが行われました。労働関係では、労働者派遣法などによって、不安定雇用が広がりました。格差と貧困がひろがる一方で、大企業は利益を拡大し、着実に内部留保を増やしていきました。大企業がもうかれば国民生活も豊かになるという幻想も振りまかれました。国家予算においては、軍事予算が拡大していきました。

　こうした新自由主義改革の推進は、憲法にもとづく社会保障の理念の変質をもたらしました。1995年の社会保障制度審議会の勧告では「社会保障制度の目的は、生活の最低保障から広く安定した生活を保障するものへと変化し、国民の自立と社会連帯が社会保障の基盤である」として、憲法にもとづく最低生活保障政策と社会保障における国の責任の軽視が見られます。さらに、2012年の社会保障制度改革推進法では、「受益と負担の均衡」「自助、共助、公助の適切な組み合わせ」が、法律の条文に書き込まれ、公助＝国の責任は後景に追いやられました。

★ 33
社会権と能力の共同性

生存権保障は、国による積極的な施策を求める社会権の重要な一部であり、社会権は、自由権と並んで、日本国憲法が保障する基本的人権を構成する。社会は、能力の共同性によって成り立っており、適切な所得再分配によって、社会保障制度を再構築していかなければならない。

●基本的人権と社会権

日本国憲法は、前文と第1条で国民主権をうたい、「侵すことのできない永久の権利」（第11条）として基本的人権を保障し、「すべて国民は個人として尊重される」（第13条）としています。そして、法の下の平等、思想及び良心の自由、集会・結社の自由、学問の自由などの「自由権」とともに、「社会権」として、第25条の生存権、26条の教育権、27条の勤労権、28条の団結権を保障しています。これらの社会権は、国家が積極的に介入し、制度の整備などによって保障される権利です。

例えば、労働関係では、事業主は雇用労働者に対して優位な立場にあるので、形式上「対等」の労働契約を結ぶ際には、法律によって最低基準を守らせ（労働基準法）、労働者に団結して交渉する権利（労働組合法）を保障しています。社会保障では、国家が、立法などで諸制度を向上させていく義務と責任を負っています（憲法25条第2項）。

基本的人権は、個人の自由を保障する自由権と、国家によって保護され促進される社会権によって成り立っています。

●社会保障財源と能力の共同性

国は、税と社会保障の諸制度によって、所得の再分配（**★ 14 参照**）を行い、すべての国民に健康で文化的な最低限度の生活を保障します。

その際、高所得者は「自分が努力して稼いだのに、儲ければ儲けるほど税金として多くとられるのはおかしい」という主張も出てきます。しかし、人の能力は個人の努力だけで高まるものではありません。例えば、裕福な家庭で教育環境に恵まれて塾に通い有名大学に行く人もいれば、貧困で教育環境に恵まれない人もいます。誰もが、労働と生活の中で、周りの

人々のさまざまな協力や支援をうけて、能力を手に入れ、開花させていきます。所得格差は、個人の努力だけによるものではありません。

　人間は、社会の中でさまざまな関わり合いを持ち、社会的な協力・共同の中で能力が高まっていくのです。「能力の共同性」という観点から、儲けた分から国家という機構を通して税金を払い、社会に還元するのです。

　法人税や社会保険料の企業負担はどうでしょうか。企業の利益は、もともと労働者の労働によって生み出されたものですし、企業活動においても、原材料や部品の調達、さらに販売や輸出などでは、道路網や鉄道網、港湾や空港などの、国民の税金による公共事業によって整備されているものを利用しています。自社の従業員だけの努力ではなく、多くの労働者・国民の協力・共同によって利益を生み出しているのですから、ここでも能力の共同性として、法人税や社会保障費用として社会に還元するのは当然のことでしょう。

●社会保障の再構築にむけて

　近年、税の累進性が緩和され、逆進性をもつ消費税の税率が引き上げられて、また、社会保障給付の削減によって所得の再分配機能が弱まりました。法人税が減税され、大企業は巨額の内部留保を有しています。一方で、格差と貧困の広がりが指摘され、その要因の一つに、非正規労働と言われる不安定雇用の増大があります。

　この間の社会保障給付の削減や国民負担増は、制度ごとの社会保障費用の節約が理由とされてきました。あらためて、国民生活の最低保障、労働における所得格差、税制と社会保険料などの財源と各制度における国庫負担、医療や介護・福祉等における利用時の一部負担などの給付のあり方等を含めた、総合的な社会保障制度の再検討、再構築が必要になっています。

　主権者は国民であり、基本的人権としての社会権の実現は国の責務です。国民的な議論を高め、参加と共同、社会的合意による民主的な制度改革にむけた、社会保障運動の発展が求められています。

コラム④
「肩車社会がやってくる」に騙されないように
（★ 32 関連）

　内閣官房作成による政府広報「明日の安心　社会保障と税の一体改革を考える」というパンフレット（2012 年の税・社会保障一体改革当時のもの）に、こんな記述があります。

――日本は、1965 年には 1 人のお年寄りを約 9 人で支える「胴上げ」型の社会でしたが、今や支え手が 3 人弱に減少する「騎馬戦」型の社会になりました。今後も支え手の減少は続き、2050 年には 1 人が 1 人を支える「肩車」型の社会になることが見込まれています。

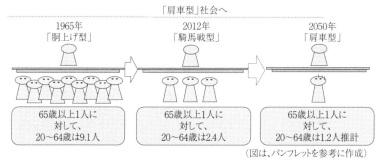

（図は、パンフレットを参考に作成）

　財務省ホームページの「2025 年、高齢者 1 人を現役世代何人で支える？」では、2014 年の支え手は 2.2 人、2025 年には支え手が 1.8 人になるとされています（2021 年 9 月 23 日閲覧）。「増える高齢者を、減少する現役世代で支えなければならないので、税と社会保障の改革で、社会保障の負担増と年金などの高齢者への給付削減が必要」というわけです。

　こうした議論には、大きな誤りがあります。

　働く人が扶養しているのは、高齢者だけではありません。子どもや、20 ～ 64 歳で働いていない人もいます。女性の社会進出や 65 歳以上で働いている人もいます。働く人は自分自身の生活費も必要ですから、総人口を就業者全体で支えています。就業者 1 人あたりの人口を見ると、1965 年は 2.07、2012 年は 2.03、2020 年は 1.88 ですから、政府の宣伝とは逆に、働く人が支えている人の数は少なくなってきているのです。

　むしろ問題は、労働者が働いて生み出した付加価値が、賃金と社会保障費にどれだけ分配されるかというところにあります。

第4章

現代の暮らしと社会保障の争点
—各分野の制度と運動—

1984年10月1日、「健保本人窓口一割負担導入」。
臨調の医療費抑制を受け、政府は健康保険の本人
の医療費一割負担が導入され、以後負担率は上
がっていった／連合通信社提供

★34
貧困を生み出さない労働の条件

> 非正規労働者が4割に達し、働いているのに貧困状態に置かれる人々が増大し、労働者の中で階層的な格差と分断が起きている。最低賃金の改善と雇用の安定を一体のものとして制度的に保障し、「働きがいのある、人間的な仕事」をつくり出していく必要がある。

●ホームレスは特殊な問題か

日本では、貧困はホームレスの人々に代表される特殊な問題と考えられてきました。そういう理解は「1億総中流」と言われた時代に広まったようですが、総中流が過去の話となった今でも、そう考えている人は少なくないようです。ホームレスの人々は家庭崩壊・単身・不定住・路上生活などの際だった特徴を持つ異質な存在と認識されがちです。「見える貧困」の代表例として一般に理解されやすく、逆説的に言えば、貧困をホームレスの人々に特殊化・限定化して理解することで、多くの人々が「中流」に身を置くことの意味を確認して安心感を得ているとも言えるでしょう。

●階層的な差別と分断

1999年に労働者派遣が原則自由とされ、2003年に製造業で解禁されて（2004年施行）以来、今では非正規労働者が全就業人口の4割、2000万人を超えるようになりました。派遣労働者や短期雇用の非正規労働者の大群は、生活費の稼ぎ場所である職場を短期間に転々と変えなければならない流動化社会の宿命を生きています。そこには主婦パート

や学生アルバイターなども含まれます。低賃金の不安定雇用に就かざるを得ないことが彼らに強いている問題は、低所得以外に「3つの喪失」があります。真面目に働いても社会に居場所を持てない帰属性の喪失であ

84

り、反対にいつまでも実家にいるほかない独立機会の喪失であり、社会的に評価されるキャリアの喪失です。

　正規労働者と非正規労働者、大企業の労働者と中小企業の労働者、さらに男女の賃金格差などによって、生活格差の進行が長期に積み重なった結果、労働者の中に階層的な差別・分断を生み出し、労働者の団結を阻む力としても作用し、非正規労働者の貧困問題を社会問題として見ようとしない傾向を助長しています。

●最低賃金の改善と雇用の安定

　格差と貧困の広がり、労働者間の分断に対して、私たちはどのように対処していけばよいのでしょうか。

　ひとつは、法定最低賃金の引き上げによる非正規労働者の所得の底上げです。現行の最低賃金は、都道府県ごとに設定され、全国の加重平均で時給930円、東京の1,041円から高知県・沖縄県の820円まで、200円以上の地域格差があります（2021年度）。いま、全労連(全国労働組合総連合)をはじめとして、最低賃金の時給1,500円への引き上げと、地域格差を解消する全国一律制を要求する運動が広がっています。

　しかしそれだけでは、先に挙げた「3つの喪失」を解決することはできません。賃金の水準と一体のものとして雇用の安定が必要です。労働者としての誇りを持ち続けられるような処遇の改善が必要で、労働者を使い捨てにするような状況をなくし、人間的な働き方と「働くことの意味」を再構築しなければなりません。

●8時間働けば生活できる賃金と雇用の保障

　ＩＬＯ（国際労働機関）は、21世紀におけるＩＬＯの中心目標として「ディーセントワーク」（働きがいのある人間らしい仕事）をつくり出していくことを提唱しています（★3）。

　いま、「8時間働けば生活できる賃金を」「労働者を使い捨てにするな」と、非正規労働者や若者たちが声をあげ始めています。

　新自由主義の広がりにより、「働き方」の劣化と社会保障の後退が進行したのは世界的な傾向ですが、一方で、各国の労働者・国民による、ディーセントワークの実現に向けた運動もまた、世界中で広がりつつあります。

コラム⑤
賃金か生活保護か
―ワークフェア（半就労・非福祉政策の現実）
（★ 34 関連）

　2008 年、政令指定都市○市の市営地下鉄の清掃業務が、予定価格 2 億 4000 万円に対して 1 億 1600 万円という破格の低価格で落札され、それまで受託していた会社の契約社員が移籍によって雇用が引き継がれましたが、時給が 800 円から 760 円に下がりました。時間外勤務を含む月収は約 14 万円、交通費や社会保険料などを差し引いた手取りは 9 万円あまり、生活保護を申請し、保護基準との差額約 2 万 4000 円が支給されることになりました。市が発注する業務で働く労働者に対して、市が生活保護を支給するという構図です。そんなことになるのなら、はじめから生活に必要な水準の賃金を保障する方が、よほど合理的と言えるのではないでしょうか。

　市は、賃金は委託先の企業での労使関係なので介入できないと言います。委託先の企業は、法定の最低賃金には違反していないと言います。また、破格の低価格入札について、市は、公営の地下鉄経営の効率化なので、安くていいという態度です。地下鉄の経営は黒字で、生活保護費の大部分は国の負担ですから、市の持ち出しは多くはありません。○市に限らず、公共の事業で、働く貧困労働者を生み出してしまう事例は少なくありません。

　なお、公的業務の縮小・削減をすすめた○市では、病院や保健所を減らした結果、2020 年の新型コロナ感染問題では、ＰＣＲ検査の体制が整わず、感染の広がりで医療崩壊の危機を招いてしまいました。

コラム⑥
「#最低賃金1500円になったら」
のツイッターデモ
（★34関連）

　若者グループ「エキタス」や労働組合の青年部などによる「最低賃金1500円へ」を掲げた、街頭デモやツイッターデモが展開されています。

　2016年から17年にかけて、エキタスが呼びかけた「#最低賃金1500円になったら」の投稿呼びかけには、「我慢せず医者に行ける」「税金を滞納せずに払える」「母がトリプルワークをせずにすむ」など、数千件もの声が寄せられました。　そこには、こんな書き込みがあります（一部、表現を改めたものがあります）。

　「まず歯医者に行く。止まらない咳も検査しよう」

　「野菜を食べる機会が増える。おかず増やせる。家賃におびえず暮らせる」

　「1日3食にする」

　「子どもが生まれ、パートナーは育児専念で休業中。生活費だけでお金なくなってしまう。おもちゃ買ってあげたい」「子どもとゆっくり向き合える時間が増える。睡眠時間を確保して病気が減る」

　「ワンランク上のシャンプー買ってみたい。いつも子ども優先で、自分のは後回しなんだよね」

　「ライブに行きたい。DVDと服買いたい。髪染めたい。金返したい。結婚したい」「引っ越せる。旅行いける、婚活できる」

　「外食する、ライブに行く、旅行に行く、病院に行く、一人暮らしできる。奨学金を返済できる。離婚ができる」

　「心にゆとりができる、もっと自分のこと好きになれる。将来不安も減る、夢が広がる」「パートのお母さんの心にゆとりができて、家族が明るくなって子どもも元気になる」「ひがみっぽくて攻撃的な、疲れて余裕のない人が減って、思いやりが社会に少しづつ循環するかも」

　2017年度の最低賃金は、全国加重平均で時給848円、その前年2016年度は823円でした。その後、2021年度には、全国加重平均で930円まで引き上げられてきましたが、東京1041円から高知・沖縄820円まで、地域格差もあります。最低賃金1500円への引き上げは、若者だけでなく、国民的な世論として広がり、政治課題にもなっています。

★ 35
失業手当と労災補償

> 労働保険として、失業時の生活保障を行う雇用保険と、業務上のケガや病気の際に補償を行う労働者災害補償保険（労災保険）がある。失業時の生活保障の拡充と、災害時の迅速・早期の労働者救済が求められる。

●失業時の生活保障

失業の際には、雇用保険による失業手当の給付があります。2008年の「派遣切り」や2020年のコロナ感染問題での解雇・休業の広がりで自殺者が急増したように、失業時の生活保障は十分ではありません。

失業手当の給付日数は、雇用保険の加入年数により決められ、一般の離職者で90日〜150日、解雇などの場合で年齢により90日〜330日、給付額は、賃金日額の45〜80％で、年齢により上限が設定されており、40歳で7,570円、50歳では8,330円です（2020年）。給付については、求職活動が前提で、希望に沿った企業に就職できるとは限りません。失業手当では生活できないということもあり、失業者のうち、失業手当を受けている人は2割程度に過ぎないと言われています。

フランスの失業保険手当は、最長3年の給付があります。失業手当の受給期間が終わると、原則6か月で更新可能な「連帯失業給付」、さらに、失業者を対象にした社会復帰扶助と、3重の失業給付があります。長期の生活保障があるので、その間に、職業訓練や大学で学ぶなど、能力を高めて、新しい人生への再挑戦が可能です。失業保険制度は、労使の代表による協定により、また、労使同数の代表によって管理運営されます。

日本でも「働かざる者食うべからず」「ともかく働け、仕事を選ぶな」というような考え方ではなく、給付期間や給付額を改善し、個々の条件に応じて希望が生かされ、能力を育て合うような社会システムとしての雇用対策が必要なのではないでしょうか。

●業務災害における労働者保護

労災保険（労働者災害補償保険）は、労働災害の場合に療養費や休業補償、障害が残った場合には一時金や年金が支給されます。災害が生じない

ようにするため安全管理は事業主の責任ですが、事業主の責任が明確でない場合も、労働者を保護するために給付対象として事業主の無過失補償責任が生じ、そのため、事業主は連帯して労災保険に加入するのです。

　労災保険の救済対象はあくまで雇用労働者が対象とされるので、フリーランスと言われる個人事業主や一人親方のように、発注者に管理され、雇用労働者と同様の働き方をする場合でも、形式上、雇用関係が明確でない場合は、適用の対象になりません（労働基準法や雇用保険も同じです）。

　個人請負や舞台関係者、ウーバーイーツなど、事実上の労働者でありながら、労働者保護の対象とされない「雇用によらない働き方」が広がっており、労働者性をめぐる法整備が必要になっています。

●労災認定のカベ

　職業病や、長時間労働、パワハラなどによる過労死、過労自殺、脳・心疾患による障害、メンタル障害などについては、業務起因性をめぐってしばしば争いが生じ、労災認定のカベが立ちはだかります。労働者やその家族の訴えにより、労働保険審査会や裁判による事例ごとの判断が積み上げられて、認定基準が改定されてきていますが、迅速・早期の救済のために「疑わしきは労働者の保護」が優先されなければなりません。

　建設労働者のアスベスト被害について、個々には労災認定される事例がありましたが、2021年の最高裁判決で、規制を怠った国の責任と製造販売を続けたメーカーの社会的責任が明確にされました。すでに70年代にその危険性が明らかにされてから半世紀近く、訴訟の提起からも13年もかかっています。その間の労働者の苦労は耐え難いものです。

　労働災害に関する法整備とともに、労働基準監督署の監督官や関係職員を抜本的に増員し、労働基準法の順守や、労働現場の実態に即した労災審査の判断が適切にできるようにして、労働者保護としての労働保険の機能を強化していかなければなりません。労働者の安全は、なにより優先されなければならないのです。

★36
年金削減とたたかう高齢者—違憲訴訟—

2013年から15年にかけて、「特例水準解消」として、年金額が削減されたことに対して、憲法の生存権保障と社会保障推進義務に違反するとして、裁判闘争がたたかわれている。

●政府による年金の特例水準解消

2012年の年金改革関連法により、年金の「特例水準の解消」として、13年から15年にかけて、年金額が2.5％削減されました。公的年金は、物価が上昇した場合、物価スライド制によって年金額を改定する仕組みになっていますが、過去の物価下落時に年金額を据え置いたことから生じた「特例水準」を解消しようというものです。

戦後の経済成長のもとで、物価は上がっていくものと考えられていましたから、物価スライドは、年金の実質的な目減りを防ぐために当然の仕組みでした。1990年代の後半から物価下落（デフレ）の兆候が現れるようになりましたが、既に確定した年金額は、憲法上の財産権に相当するため、年金額の安易な削減については慎重に対応していたのです。また、90年までの定期預金利息は4～6％前後でしたが、90年代後半からは0.01～0.02％で推移し、長期にわたる低金利政策により高齢者が受け取れなくなった逸失利息の累積額は数百兆円にのぼると言われています。

●不服審査請求から裁判へ

高齢者世帯の貧困率はかなり高く、実質的に生活保護基準以下の暮らしを送る年金生活者は650万人以上も存在しています。そのうえ年金の減額を許していては、高齢者の暮らしは一層追いつめられていきます。

こうした状況の下で、全日本年金者組合は、「年金者一揆」と称して諸行動をくり返し、2013年から14年にかけて年金引き下げに関する行政不服審査請求運動を全国12万人規模で展開しました。再審査請求が却下され、2015年に裁判に訴えることになり、44都道府県、39地裁、原告5,279人、弁護団300人余で年金裁判がたたかわれることになりました。

2013年には、全労連（全国労働組合総連合）が「ストップ高齢者いじ

めアクション」を展開しました。年金減額違憲訴訟は年金引き下げという戦後初めての事態に反対する高齢者の運動と見られていますが、むしろ、社会保障の総改悪に対する抵抗・反撃の始まりという、国民的な広がりを持つ運動に発展しつつあると考えて良いでしょう。

年金裁判は、今次の年金額の一律引き下げが、憲法の生存権保障と国の社会保障推進義務に違反するものであることを問う違憲訴訟です。

年金引き下げ違憲訴訟：東京地裁口頭弁論報告集会（2018 年 11 月 20 日）／資料提供＝全日本年金者組合

●下級審による合憲判断

2020 年までに出された地裁判決は、全て、引き下げを合憲とする判断でした。裁判所の判断理由を探ると、次の 3 点に行き着きます。

第 1 は、現役世代の稼働所得が徐々に低下してきたので、世代間のバランスを考慮すると年金引き下げはやむを得ないという主張です。

第 2 は、年金で生活できない高齢者は、最低生活を保障する生活保護制度が別にあるので、そちらを利用すれば良いという主張です。

第 3 は、政府の財政難が進行しているので、社会保障に充当する予算は限られるという主張です。

第 1 については、現役世代の所得低下は非正規労働者の増加によってもたらされた結果であって、そのことへの対応こそが必要であり、際限のない所得低下競争の「負のスパイラル」を容認することはできません。第 2 については、貧困高齢者世帯に対する生活保護の捕捉率はせいぜい 15％程度で、生活保護が受けにくく、貧困高齢者世帯の 85％が漏救状態にあるという実情を無視しています。第 3 については、日本の社会保障給付費は他の先進国に比べて低く、日本の経済力に見合った財源措置をとるのは政府の責任と言わねばなりません。

合憲判決を出した裁判所は、政府の言い分を繰り返しているだけであり、憲法にもとづき、科学的根拠に立脚した判断を下すことが求められます。

★37
急がれる最低保障年金の創設

現在の公的年金制度には最低保障がなく、多くの高齢者の貧困と、高齢期の生活格差を生む要因になっている。その解決に向けて、最低保障年金の創設が求められている。

●最低保障のない公的年金

日本の公的年金制度には最低保障がないため、貧困に陥る高齢者が急増しています。国民年金の満額（最高額）は月額約6万5,000円で、生活保護の最低生活費（生活扶助費）よりも1万5,000円～2万円下回ります。満20歳から60歳までの40年（480か月）間、ひと月も欠かさず保険料を納め続けても、生活扶助費より低い金額しか受け取れないのです。

また、最低でも10年（120か月）以上保険料を納めた実績がないと、受給資格は得られず、保険料は掛け捨てになり、無年金者になってしまいます。拠出期間10年以上40年までの範囲内で、保険料を払った月数に比例して年金額が決定される仕組みなので、受給月額は最低約1万6,000円から最高約6万5,000円まで分散することになります。国民年金の低い給付額の中でも、格差が設けられているのです。

最低生活を保障しない年金制度は、故意の未加入者・滞納者を生み出す原因にもなります。老後の生活資金くらい自分で準備するから、そんな低水準の公的年金に加入したくない、保険料を払いたくないと国民に思わせてしまうからです。これは「制度設計の失敗」です。

●高齢者の貧困と年金格差

貧困状態の高齢者がどのくらい存在しているのでしょうか。生活保護基準（単身世帯で年収160万円、月収換算13万3千円）で測定すると、2018年現在、それ以下の収入しかない高齢者世帯は607万8千世帯、世帯に含まれる高齢者数は756万1千人もいます。貧困率は24.4%、高齢者のいる世帯のほぼ4軒に1軒が貧困という状況です。世帯形態から見ると、高齢女性の一人暮らし世帯の貧困率が突出していて51.3%、貧困世帯数236万2千世帯にのぼります。高齢男性の一人暮らし世帯（同38.7%、

86万1千世帯）と、高齢の一人親＋未婚子から成る世帯（同30.8％、61万4千世帯）において貧困率が高くなっています。こうした貧困高齢者が大量に生まれる背景に、国民年金の低位性があります。

　厚生年金においても、女性を中心に短期加入者の低年金問題が広がっています。男女の賃金格差が年金額に反映することに加えて、女性は結婚・出産・育児により厚生年金の加入期間が短くなる傾向があり、復職してもパートタイマーなど非正規雇用の場合が多いので、老後に支給される年金額が低くなるのです。男性でも、失業経験・転職経験が多い人ほど年金額が少なくなります。日本の年金制度は長期雇用・年功賃金を前提にした正規労働者対応型の制度なので、このタイプから外れると、老後に低年金に吹き寄せられてしまう構造になっています。

●最低保障年金の創設が急がれる

　こうした年金格差の現状に対して、全日本年金者組合は「最低保障年金」の創設を主張しています。月額8万円の最低保障年金を65歳以上の高齢者全員に一律に支給することで老後の貧困を解消しようとする提案です。最低保障年金の創設により、生存権保障としての年金制度の確立と、年金制度における格差の縮小に向かうことができます。これまでも、最低保障年金の創設について、有識者、労働団体、野党各党から、いくつかの案が提起されてきました。最低保障水準の設定や、財源問題、現行の年金格差などについて、国民的な議論が求められるところです。

　高齢者の貧困が広がっており、最低保障年金の創設を含めた、年金制度の民主的な改革が急がれます。

★38
医療の保障と国民負担

医療保険制度は、国民皆保険の実施により、原則として、すべての国民が公的な医療保険に加入し、保険証があれば、だれもが医療を受けることができることになっている。しかし、1980年代以降、公費の投入を抑制して国民負担が増大し、医療制度の危機が叫ばれている。

●掘りくずされる国民皆保険

日本の医療保険制度は、1958年に国民皆保険が実施され、すべての国民が公的な医療保険に加入し、保険証があれば、誰でも医療を受けられることになっています。医療は現物給付であり、医師の判断により必要な医療を受けることができます。

ところが、1980年代以降、保険料や受診時の窓口負担が引き上げられてきました。国保料の滞納者から保険証を取り上げるという施策もとられ、「だれもが医療を受けられる」という皆保険の原則が崩されてきています。

●医療保険制度の骨組み

医療保険は、雇用労働者が職域で加入する「被用者保険」、自営業者、農民、個人事業者、無職者など、被用者保険の加入者以外のすべての国民が加入する「国民健康保険」、75歳以上を対象とする「後期高齢者医療制度」に大別されます。すべて強制加入です。

被用者保険には、主に大企業の従業員とその扶養家族が加入する健康保険組合、主に中小企業の従業員とその扶養家族が加入する協会けんぽ（全国健康保険協会）、公務員や教職員とその扶養家族が加入する共済組合があります。国民健康保険（国保）には、市町村が運営するほかに、業種ごとの国保組合があります。75歳になると後期高齢者医療に移行します。

診療を受ける際には、原則として医療費の3割の自己負担があります。未就学の子どもと70歳〜74歳は2割負担、75歳以上は原則1割負担です。高額療養費制度により、自己負担の上限額が定められています。

被用者保険の保険料は、事業主と労働者が折半で負担します。国保およ

び後期高齢者医療は、財政基盤が弱く、加入者の保険料とともに一定割合の公費（税金）が投入されています。

●窓口負担と保険料負担

　窓口の自己負担について、被用者保険の創設時は本人無料でした。国保では、1958年の現行の国保法の制定時の5割負担から、63年に世帯主3割、68年には世帯全員3割になりました。60年に一部の自治体で、乳児と高齢者の無料化が行われて全国に広がり、73年には老人医療制度の創設で高齢者の自己負担は無料となりました。ところが、1980年代に、高齢者医療の自己負担が導入され、無料制度はなくなりました。被用者保険では、1984年に本人1割負担となり、97年に2割、2003年に3割になりました。

　被用者保険の保険料については、70年代に、労使の自主的な交渉で負担割合を労働者3：事業主7とする運動がとりくまれ、一定の成果を上げましたが、80年代以降、政府の介入により「折半」が原則とされています。

　国保については、1984年に国庫負担が、総医療費の45％から38.5％（医療給付費の50％）に削減され、これを境に市町村の国保料は年々上昇して、滞納者が激増し、滞納による保険証の取り上げも制度化されました。住民の負担を軽減するために、市町村は、一般会計からの繰り入れを行って対処しました。それでも7世帯に1世帯が滞納せざるをえず、住民の担税力を越えてしまっています（東京の滞納率は22％。2019年）。

●窓口負担と受診の抑制

　80年代を境に、医療保険制度全体に患者負担増が図られ、その後も、公的医療の給付費の抑制と、国庫負担の一層の削減のための医療保険制度「改革」が繰り返され、その度ごとに、国民の不安が広がり、負担増に対する反対運動がおきています。

　窓口負担が増えると受診の抑制が起こり、医療へのアクセスを狭めます。保険料負担の増加は生活を圧迫します。保険証の取り上げは医療を受ける権利を侵害します。そもそも、保険料を払っているのに、なぜ窓口負担が必要なのでしょうか。

★ 39
医療を支える体制の拡充

政府の医療費抑制政策の下で、病院の病床が減らされ、不足する医師や看護師の労働条件が悪化している。誰もが必要な医療を受けられるようにするための医療体制の拡充は、急務である。

●公的病院と民間病院

病院、診療所は、国民のいのちを守る砦です。医療機関のうち、病院は、20床以上の入院施設を持つもので、約9000病院あり、一般の診療所は約10万、歯科診療所が約7万あります。

病院のうち約3割が、国立・自治体立と公立に準ずる日赤、労災、農協、済生会、国共済などの公的病院です。国や自治体などの公的機関が直接に病院を運営、経営をして責任をもつということは、民間では取り組めない分野の医療体制をカバーでき、大規模災害やコロナ問題でも経験したように、公的判断での緊急対応も可能ですし、人材を育てるうえでも重要な役割を持っています。

約7割を占める民間病院の多くは、医療法人・社会福祉法人などの非営利組織です。診療所の多くは、医療法人と個人経営によるものです。

ヨーロッパの多くの国は、大半の病院が公的病院で、なかでもイギリスの医療は、保険ではなく税金を財源にして運営され、医師は公務員です。

アメリカの場合は75％が民間病院ですが、公的な医療保険は一部の高齢者と低所得者にかぎられ、現役労働者は企業が契約する民間の医療保険に加入し、3000万人もの未保険者がいます。医療は公的インフラというよりも、営利事業としての医療サービスです。民間の医療保険に高い保険料を払える会社に就職した人は充実した医療を受けられ、金持ちや大企業に雇用されている労働者以外は、まともな医療が受けられないという状況があり、医療格差が大きいと言われています。

日本は、世界の中では特異な医療政策をとっている国で、医療保険の財源を国が握り、病院経営の多くを民間に依拠しつつ、診療報酬という制度で医療資源の配分をコントロールしています。

●ベッド、医師・看護師が足りない

　1980年以降、医療への公費負担（国庫負担）を削減するために、医療費の抑制政策が進行し、コロナ感染問題に際しては、検査体制の不備や医療崩壊の危機に直面しました。1992年に852か所あった保健所は、2019年には472か所に激減し、医療機関の病床数は、1998年の189万床から2019年の164万床へと24万床に減少していました。それでも政府は、2015年の地域医療構想による15万〜20万の病床数の削減と公的病院の再編・統合を進めようとしています。

　医療体制は、医師32万人、看護師・准看護師130万人、技師等28万人によって支えられています。人口千人あたりの医師数は2.4人で、ＯＥＣＤ（経済協力開発機構）30か国平均の3.3人という水準に対して10万人以上も少ないのです。夜勤や低賃金を背景にして、看護師不足も深刻です。医師や看護師の過重労働をなくしていくための人員増は急務です。

　診療報酬においても、医師や看護師の配置基準などによって人件費が抑制され、診療内容の画一化（患者個人に適応した診療ではなく、病気の種類による診療報酬の設定）による、医療費の抑制策が進められ、多くの医療機関が赤字経営を強いられています。

●誰もが必要な医療を受けられるように

　医療保険制度における国民負担増に加えて、医療体制の縮小、診療報酬による誘導で医療の画一化が進行すると、皆保険制度の下で必要な医療を現物で給付するという仕組みによる「誰もが必要な医療を受けられる」という、日本の医療の原則（★38参照）が崩壊します。アメリカ型の医療の営利事業化、医療格差の広がりというような事態にしないためにも、病院・診療所と病床数の確保、それを支える医師や看護師などの確保と増員、診療報酬の改善は、国民的な運動課題になっています。

★ 40
20年を経た介護保険

介護保険制度の創設から20年を経過したが、「介護地獄」と言われた介護をめぐる状況は解決されていない。保険料は2倍になる一方で、サービスは縮小した。人権としての介護保障の確立に向けて、制度の再構築が必要になっている。

●介護保険の創設

2000年に、公的介護保険制度が始まりました。「介護地獄」と言われ、家族介護などで苦労していた人たちは、「介護の社会化」という看板に期待しました。一方、高齢者の福祉・介護を支えてきた施設関係者や介護労働者からは、不安と疑問の声も上がっていました。保険というしくみが、介護福祉になじむのかどうかという議論も広く行われました。特別養護老人ホームなどの施設や介護従事者の確保などのインフラの不足も指摘されましたが、それは介護保険の実施とともに充実が図られるはずでした。

介護保険の実施から20年を経過しても、老老介護や8050問題と言われる親子問題、ヤングケアラーの存在などの家族介護をめぐる問題は解消されず、特別養護老人ホームも、いまだに30万人もの待機者がいます。

●保険料は2倍になった

介護保険は、医療保険のように、保険証があればいつでもサービスを受けられるのではなく、要介護度の「認定」という仕組みがあり、医療保険のようなフリーアクセスではありません。医療のように、その人の必要に応じたサービスが現物で給付されるのではなく、認定による要介護度（要支援1・2、要介護1〜5）に応じた金額の範囲内で、介護費用を補填する金銭給付です。サービスの内容については、居住する地域に存在するサービス資源（施設や訪問介護など）の中から選び、サービス事業者と契約し、利用に際しては、原則として費用の1割を自己負担しなければなりません。

40歳以上は強制加入で、65歳までは加入している医療保険の保険料と合わせて保険料が徴収され、65歳からは公的年金から保険料を天引きされます。保険料は3年ごとに改定され、65歳以上の保険料は、創設時の

全国平均の月額2,911円が、2018年度には5,689円と2倍になりました。2025年には8,000円を超えると予測されています。

●給付の削減と介護報酬

　保険料が2倍になる一方、この間の制度改定で、要支援1・2は保険給付から外され、保険事業として行う「総合事業」に移されて、自治体の裁量による予算の範囲内に限定されたサービスとなりました。特別養護老人ホームへの入居は、原則として要介護3以上と限定されました。介護施設における食事や居住費用が保険給付の対象から外され、一定の所得がある人の自己負担額は2割または3割に増えました。さらに、ホームヘルパーによる生活援助は、1回あたりの時間が短縮されました。

　介護サービスを担うヘルパーの人材不足も深刻化しています。サービス事業者に支払われる介護報酬が低く、介護労働者の賃金が低く抑えられているからです。対人サービスである介護労働の専門性を評価せず、今後は、ロボットなどによるサービスのマニュアル化によって、介護費用の抑制が図られようとしています。

　さまざまな事業者が介護サービス事業に参入しましたが、2016年以降、毎年、100件を超える事業者の倒産が発生しています。介護報酬が低いために採算があわず、また介護労働者の確保ができないのです。

●人権としての介護保障確立を

　創設当時、保険制度の導入により、加入者の権利性が高まり、サービスの選択の自由が広がると言われていました。介護保険は市町村が保険者ですが、制度の大枠は国が定めており、地域住民の声が届きません。公費負担割合が固定されており、施設整備などのサービス供給体制を拡充すれば、保険料に跳ね返るという財政構造の問題もあり、負担増の一方で、サービス選択の不自由が拡大しています。サービス利用者・専門職などの現場からの議論を積み上げ、人権としての介護保障制度を再構築していく必要があります。

★41
障害者福祉をめぐるせめぎあい

2006年に、国連で障害者権利条約が採択され、2013年には障害者総合支援法が成立した。その過程では、障害者自立支援法における利用料負担をめぐって、違憲訴訟も起こされた。障害者の人権擁護と福祉の新自由主義的「改革」のせめぎあいが続いている。

※表記について真意としては「障碍」もしくは「障がい」が適切ですが、公用である「障害」を用います。

●障害者権利条約と障害者福祉

　現在の障害者福祉は、国連による2006年の「障害者権利条約」の採択という偉大な進歩と、近年の新自由主義的構造改革とが、つまり、進歩と反動とが激しくせめぎあう中で、その具体的な帰趨は、障害者福祉運動などの社会運動によって左右されています。

　障害者とは、障害を持つ人のことです。障害とは、心身の機能障害が社会的障壁に当面して、その相互作用として生ずる身体的および社会的な生活困難のことで、近年、その社会的側面が重視されてきています。

　障害者福祉は、身体的機能障害と社会的障壁とその相互作用の3つの側面に対する福祉的な働きかけと、それを支え促進する便宜のことです。

　権利条約は、雇用＝就労を含めて、あらゆる社会活動や決定への障害者の平等参加と差別の全面的禁止などの基本原則を定めています。

●総合支援法と「応益負担」をめぐって

　障害者基本法（1960年）では、障害者について、「障害及び社会的障壁により継続的に日常生活または社会生活に相当な制限を受ける状態にあるものをいう」（第2条、2011年改正）としています。障害者福祉サービスについては、2013年の「障害者総合支援法」で、サービスの対象者を定め、サービスとして「自立支援給付」（各種の福祉サービスの給付費の支給）と「地域生活支援事業」（サービスを市町村と都道府県が役割を分担して実施）を行うとしました。

　この法律は、旧「障害者自立支援法」（2006年）において大きな問題と

なった、サービスの利用者負担の原則を引き継いでいます。自立支援法では、サービス利用時に定率１割の「応益負担」としましたが、当事者らによって違憲訴訟がおこされ、2010年に国と当事者間の和解協議によって「基本合意」が行われて修正し、2012年に本人の収入に応じての「応能負担」の要素が導入され、それを「総合支援法」も受け継いだのです。障害福祉サービスを商品に見立て、その消費＝利用による「受益」に対して対価を支払うべしとすることの根本的な誤りは、是正されていないのです。

　障害者が必要最低限の福祉サービスを享受する権利は、生存権に根ざす基本的人権であり、国際人権規約および障害者権利条約でもこれを明記しています。障害者の多くは低所得者で、以前は、公費負担による社会福祉の対象者とされていました。障害者に利用料負担を課す仕組みは、社会福祉基礎構造改革（★18参照）のモデル的制度として創設された「介護保険法」の理念及び構成に準じてつくられた、新自由主義的改革としての権利収奪であり、廃止されなければならないものです。

●私たちのことを、私たち抜きに決めないで

　平成30年版『厚生労働白書』によれば、障害者数は、身体障害者が436万人、知的障害者が108万人、精神障害者が419万人で、総数で963万人、国民の7.6％と推計されています。近年の傾向として、うつ病などを含む精神障害の増加が多く、精神的環境が悪くなっていることを示しています。

　障害者の中で高齢者の占める比率が年々増大し、生活保護の受給者においても高齢者の増加が顕著で、それだけ生活不安がひろがり、生きづらさ、ストレスの強い社会になっているわけです。

　障害者総合支援法の制定と障害者権利条約の批准（2014年）に向けては、「私たちのことを、私たち抜きに決めないで」との当事者や家族の声が上がり、総数24名中半数を当事者とその家族とする「障害者制度改革推進会議」が設けられて議論が行われました。政府は、利用者負担などの肝心な点での改革を拒否していますが、それでも、2018年には、「障害者雇用促進法」の対象に精神障害者を加えてその雇用を義務化するなどの改善が行われ、彼らの雇用が進み始めています。進歩と反動のせめぎあいは続いています。

★42
保育・学童保育と子育て支援

保育・学童保育は、関係者の粘り強い運動によって、整備が進んできたが、待機児童の解消や設置基準の改善、保育士・指導員の処遇改善は、引き続く重要な課題になっている。住民運動を背景に、子ども医療費や学校給食費の無料化などの子育て支援が広がってきている。

●保育所の待機児童問題と保育の質の確保

2016年2月、ネット上の「保育園落ちた、日本死ね」との書き込みが注目を集め、国会でも話題になり、3月には国会前でデモが行われ、3万近くのネット署名が集まりました。高まる保育需要に対して保育所が不足し、父母たちは「保活」に走らざるを得ず、保活をしないと保育所に入れないという状況にも批判が広がっています。政府統計による見かけ上の「待機児童」は減少しましたが、保護者が求職中の場合や、「希望する保育所」「近くの保育所」に入所できない事実上の待機児童数は高止まりしています。

保育所には、定員や施設の面積、保育士の配置などの基準が設定されていますが、保育所の不足から、小規模保育や駅型保育などの基準を充たさない保育施設への入所や、定員を超える児童を受け入れる弾力的な運用も行われており、保育の質の確保も大きな課題になっています。

保育所は、1947年の児童福祉法の制定により、国と地方自治体の責任による児童の権利保障の制度として始まりましたが、国は保育所づくりに消極的だったため、法律を実効あるものにするためには、労働団体や女性団体、住民による運動の発展が不可欠でした。1960年代には、共同保育所をつくり、公立保育所をつくらせ、「ポストの数ほど保育所を」とのスローガンによる保育運動が全国に広がりました。当事者らによる共同保育所の実践は、保育の質を高めていく力にもなりました。

●学童保育づくり

1960年代には、父母たちによる学童保育（放課後児童クラブ）づくりが全国各地で取り組まれました。1997年になってやっと児童福祉法に位

学習の友社【2021年】
出版案内

（株）学習の友社　　〒113-0034
東京都文京区湯島 2-4-4 全労連会館内
TEL：03-5842-5641
FAX：03-5842-5645
Mail：tomo@gakusyu.gr.jp

コロナ・パンデミックと日本資本主義 —科学的社会主義の立場から考える—

2020年11月刊

友寄 英隆 著 （経済研究者、元　月刊『経済』編集長）

［A5判　164頁］　　　（ISBN 978-4-7617-0725-5）定価1760円（税10%込）

第1章　パンデミックとは何か　　　　　　　第2章　新型コロナ・パンデミックの衝撃
第3章　コロナ・パンデミックと「新自由主義」路線の悪行　第4章　コロナショックによる経済危機と回復過程
第5章　デジタル化社会の可能性と限界　　　第6章　コロナ後の日本資本主義の課題
第7章　コロナ後の労働運動への期待　　　　補　章　パンデミックとマルクス、エンゲルス

緊急事態と憲法

2020年12月刊

右崎正博・大江京子・永山茂樹　著　　　　　　定価1100円（税10%込）
（獨協大学名誉教授）　　（弁護士）　　（東海大学教授）　　［A5判　102頁］（ISBN 978-4-7617-0724-8）

「営業自粛」「不要不急の外出自粛」など国民生活に大きな影響を与えた2020年春の緊急
事態宣言の法的根拠を検証し、自民党が狙う改憲、「緊急事態条項」の問題を考える。

第1章　〈徹底検証〉新型コロナウイルス緊急事態
第2章　大規模災害と緊急事態条項—自民党たたき台素案の検討
第3章　緊急事態条項——その歴史と自民党改憲草案の検討

高校生・若者たちと考える過労死・過労自殺 —多様な生き方を認める社会を—

最新刊

石井拓児（名古屋大学大学院教授）　　定価1210円（税10%込）
宮城道良（高校教員）　　　　　　著　　（ISBN 978-4-7617-0728-6）
　　協力　岡村晴美（弁護士）・勢納八郎（医師）

2021年夏、「朝日」「中日」「赤旗」が紹介し話題！
高校生、教員、教育学研究者、そして過労自殺被害者の家族と
裁判を担当した弁護士、医師たちのとりくみ。
高校生が制作した「過労自殺」ドキュメンタリー台本も所収。
若者が主権者として生きるために！　　　　　　［A5判　136頁］

2

　知っておきたい、働く人の権利と労働組合　　　　　　　学習の友社

実践労働組合講座

第1巻
労働組合の活性化と日常活動

第2巻
労働者の権利と労働法・社会保障

第3巻
地域労働運動と新しい共同

全労連・労働者教育協会 編

定価 各1430円(税込)

秘伝 組合活動の楽しみ方

「秘伝」編集委員会 編

定価 1210円(税込)

8時間働けばふつうに暮らせる社会を—働くルールの国際比較2

筒井晴彦 著　　定価 1540円(税込)

働く人のほんとうの健康法
— 世直し活動は健康にも最適

服部 真 著(産業医、労働衛生コンサルタント)

定価 1320円(税込)

UNITE！
そうだ労組、行こう。

藤田和恵・寺間誠治 編著

定価 1540円(税込)

春闘の歴史と展望
— 国民共同の力で未来を

熊谷金道・鹿田勝一 著

定価 1572円(税込)

メーデーの歴史
— 労働者のたたかいの足跡

杉浦正男・西村直樹 著

定価 1572円(税込)

人間らしく働き生きる
— 労働者・労働組合の権利

萬井隆令 著(龍谷大学名誉教授)
【労働法の入門書】定価 1760円(税込)

戦後日本
労働組合運動の歩み

山田敬男 著(労働者教育協会 会長)

定価 1980円(税込)

労働運動入門—日本国憲法と
『資本論』を学び、たたかいに生かす！

岩橋祐治 著(前・全労連副議長)

定価 1430円(税込)

これでは お先真っ暗！

中田 進・北出 茂・藤永のぶよ 著

定価 1320円(税込)

「人口減少社会」とは何か

友寄英隆(経済研究者)著　定価 1760円(税込)

労働組合たんけん隊

長久啓太 著　　定価 1100円(税込)

ものの見方たんけん隊

長久啓太 著　　定価 1100円(税込)

『月刊全労連』

全国労働組合総連合 編

毎月15日発行　　定価 550円(税込)

(年間購読料・送料込 7548円)

月刊『学習の友』

労働問題と社会科学の学習誌

毎月17日発行　　定価 510円(税込)

(年間・別冊2回有、送料込 8134円)

3

21世紀のいま、マルクスをどう学ぶか

山田敬男・牧野広義・萩原伸次郎 編著　　定価 1980 円（税 10%込）
（労教協会長）　（阪南大学名誉教授）（横浜国立大学名誉教授）　　［A5判204頁］ISBN：978-4-7617-1445-1

Ⅰ　マルクスの生き方と思想　　（執筆）長久啓太　　牧野広義　　赤堀正成　　（2018年刊）
Ⅱ　資本主義の分析と批判　　（執筆）萩原伸次郎　友寄英隆　岩佐茂　東洋志
Ⅲ　社会変革と未来社会　　（執筆）妹尾典彦　　長澤高明　　石川康宏　　山田敬男

エンゲルスから学ぶ科学的社会主義

山田敬男・牧野広義 編著　　　［A5判　126頁］　　　定価 1430 円
（労働者教育協会会長）　（阪南大学名誉教授）　　（ISBN 978-4-7617-0726-2）　（税 10%込）

第1章　エンゲルスの生き方と思想から学ぶ　　岩佐　茂　　　（2020年刊）
第2章　社会科学入門としての『イギリスにおける労働者階級の状態』　赤堀正成
第3章　『共産党宣言』─労働者階級と科学的理論の最初の結合　　妹尾典彦
第4章　労働が人間をつくった─「サルがヒトになることに労働はどう関与したか」　村本　敏
第5章　社会主義は科学になった─『空想から科学へ』から学ぶ　　鰺坂　真
第6章　唯物論、弁証法、史的唯物論─『フォイエルバッハ論』から学ぶ　牧野広義
第7章　エンゲルスと多数者革命論の形成　　山田敬男

『資本論』第Ⅰ部講読のナビゲーション

中川　弘 著　　　　　　　　　　定価 2860 円（税 10%込）
（福島大学名誉教授、神奈川県労働者学習協会講師）　　［B5判322頁］（ISBN：978-4-7617-1447-5）

『資本論』第Ⅰ部・全25章のポイントがわかる！　（2020年刊）
東京、横浜などの労働者・市民向け「資本論講座」において
講義をかさねた著者の、講義摘要と教室でのQ&Aを網羅。

『資本論』を読むための年表
─世界と日本の資本主義発達史

友寄英隆（元『経済』編集長）著
定価 1980 円（税 10%込）

［A4判116頁］ISBN：978-4-7617-1442-0（2017年刊、20年重版）
「歴史の流れ」が一望できる大型年表（A4判見開き）とあわ
せ、マルクス、エンゲルスの時代背景、世界と日本の資本主義
発達史、基本的理論を解説。現代の経済動向の深層と、政治経済
の理論的対決点についての理解も深まる、
画期的な『資本論』参考資料。好評のロングセラー。

『資本論』を読む（上）
『資本論』を読む（下）

（上＝第1部第1篇～第3篇、下＝第1部第4篇～第7篇）

浜林正夫（一橋大学名誉教授）著
定価　上下各 2672 円（税込）（1991 年刊）
はじめて『資本論』を読む人にもやさしい語り方で理解がすすむ、好評のロングセラー。

科学的社会主義の古典入門　エンゲルス
イギリスにおける
労働者階級の状態（解説書）

浜林正夫・鈴木幹久・安川悦子 著
定価 1923 円（税込）　　　（1995 年刊）
資本主義の発祥国イギリスの生活・労働実態と、たたかい成長する労働者階級の姿を克明に調査したエンゲルスの名著を解説。

科学的社会主義の経済学　マルクス
賃金、価格および利潤（解説書）

小泉 宏（元『経済』編集長）著
定価 1676 円（税込）　　　（1997 年刊）
賃金と利潤の関係、剰余価値の理論を中心とした資本主義生産のメカニズムを解明したマルクス経済学の入門書をやさしく解説。

『反デューリング論』を学ぶ

鰺坂真・福田泰久・浜林正夫 著
定価 1760 円（税込）　　　（2006 年刊）
哲学、経済学、社会主義・・・科学的理論を体系的に学ぶ最良の書の一つ、エンゲルス『反デューリング論』の学習に絶好の入門書。

イギリス労働運動史

浜林正夫（一橋大学名誉教授）著
定価 2640 円（税込）　　　（2009 年刊）
資本主義の発祥国・イギリス労働運動の産業革命期から 21 世紀までをまとめた日本では初めての通史。『資本論』など古典の学習の参考に。現代イギリス社会の基底をなす労働者、庶民の歴史を理解するために。

『資本論』[第2・3巻]を読む（上）
『資本論』[第2・3巻]を読む（下）

（上＝第2部、下＝第3部）

宮川 彰（東京都立大学名誉教授）著
定価　上下各 2750 円（税込）（2001 年刊）
市民とともにつくってきた『資本論』講座の内容を総まとめ。期待に応え重版。

古典へのいざない
──『資本論』への道

山内 清（国立鶴岡高専 名誉教授）著
定価 1257 円（税込）　　　（2010 年刊）
古典とは何か、アダム・スミスやケインズなど経済学諸派の解説、経済学の基礎、そして『資本論』を読み通す「コツ」を解説する。

カール・マルクス
──人間的解放をめざして

浜林正夫 著
定価 1466 円（税込）　　　（2010 年刊）
少年時代から『共産党宣言』、『資本論』へ、マルクスの生涯と史的唯物論、剰余価値論などその理論が形成されたみちすじがわかる。

マルクス主義哲学の源流
─ドイツ古典哲学の本質とその展開─

鰺坂 真（関西大学名誉教授）著
定価 2530 円（税込）　　　（1999 年刊）
ドイツ古典哲学が「マルクス主義の三つの源泉」の一つといわれるのはなぜか？ その本質と展開に光をあてる。

『資本論』と変革の哲学
──人間らしい社会をめざして

牧野広義（阪南大学名誉教授）著
定価 1980 円（税込）　　　（2017 年刊）
『資本論』の哲学＝弁証法的唯物論に着目し『資本論』の本文を解説。資本主義のしくみを解明し、労働者階級の成長により、人間の自由な発達を実現する将来社会を展望する

グレタさんの訴えと
水害列島日本

定価 1430 円 (税 10%込)
(ISBN ISBN 978-4-7617-0721-7)

岩佐 茂 、岩渕 孝、宮﨑紗矢香 著
(一橋大学名誉教授)（元秋田大学教授)（元FFFTオーガナイザー)

Ⅰ 誰がなんと言おうと、私たちは声をあげ続ける(宮﨑)
Ⅱ 日本の水害対策では温暖化に耐えられない (岩渕)
Ⅲ 地球温暖化で豪雨も猛暑も増える (岩渕)
Ⅳ 温暖化を止める取り組みは　ここ 10 年が勝負 (岩佐)
[Ａ5判136 頁]

ジェンダー平等の実現めざして

浅倉むつ子 ・ 戒能民江 ・ 田村智子 著
(早稲田大学名誉教授)（お茶の水女子大学名誉教授)（日本共産党副委員長)

定価 902 円 (税 10%込)
(ISBN 978-4-7617-0723-1)

職場の差別、家庭内暴力、政治のゆがみ・・・第一線で活躍する3人が語り合ったシンポジウム。
○労働分野からジェンダー平等を考える(浅倉) ／ ○女性に対する暴力をなくす(戒能)
○政治参加と女性 ― 立法分野でのジェンダー平等のとりくみ(田村)　　　[Ａ5判94 頁]

「核兵器も戦争もない世界」 を
創る提案 ―「核の時代」を生きるあなたへ―

大久保賢一 著 (弁護士、非核の政府を求める会常任世話人
日弁連・憲法問題対策本部核兵器廃絶ＰＴ座長)

定価 1540 円 (税 10%込)
(ISBN 978-4-7617-0730-9)

「非核の政府」の想像から創造へ　コロナ危機の中で核兵器廃絶を考える

人間の尊厳を築く反核運動

冨田宏治 著 (関西学院大学教授、原水爆禁止世界大会起草委員長)　　(2019 年 9 月刊)

(ISBN 978-4-7617-0715-6)
定価 1320 円 (税 10%込)

世界の市民の力が国際政治を動かし「核兵器禁止条約」2021 年 1 月発効。著者はこの数年
の世界の動きを解明し、「2020 年を核なき世界への転機に！」と今日までの前進を予見する。

日本を変える ―「新しい政治」への展望

五十嵐 仁 (法政大学名誉教授) 著　(2020 年 12 月刊)　定価 1100 円 (税 10%込)

第一部　「ポストコロナの時代」と「新しい政治」への展望
第二部　安倍暴走政治の行き詰まりと「負の遺産」

[四六判126 頁]

沖縄が問う平和的生存権

小林 武 著 （憲法学者・沖縄大学客員教授）

【もくじ】　　　　［四六判 232 頁］

定価 1980 円
（税 10%込）
（ISBN 978-4-7617-0719-4）

「不条理を、沖縄の人々にのみ背負わせてはいけない」若き日の決意を胸に沖縄に移住した著者が、基地と隣り合わせの県民生活を見つめ、地方自治体の役割、自衛隊違憲論あるいは合憲論を前提にした平和的生存権の論じ方、沖縄の「平和思想」をつぶさに検証！

日本近現代史を生きる——過去・現在・未来のなかで

大日方純夫 著 （早稲田大学教授）ISBN:978-4-7617-0714-9 定価 1760 円 （税 10%込）

「過去の"私たち"（民衆）の存在を抜きにして、歴史は決してつくられはしなかった。」
「明治 150 年」、民主主義、天皇制、「沖縄」、戦争と平和の歴史を民衆の側から観る。
〔目次〕はじめに—歴史のなかを生きる ／ Ⅰ「明治」を考える ／ Ⅱ「自由民権」を生きる
Ⅲ 戦争を考える ／ Ⅳ 現代日本を生きる

知っておきたい 日本と韓国の 150 年

山田敬男・関原正裕・山田 朗 著
（労教協 会長）（歴教協 副委員長）（明治大学教授）

定価 1100 円 （税 10%込）
［Ａ5判 96 頁］ **重版出来**

日本による植民地支配の歴史、日韓会談の経過と日韓条約、韓国の民主化運動
　　　　　　　　　　　　　　　　　——日韓関係の近現代史の核心を知る
〔目次〕
序　章　深刻化する日韓対立とその背景　　第1章　韓国併合への過程
第2章　日本による植民地支配　　　　　　第3章　植民地朝鮮の解放から分断国家の固定化へ
第4章　日韓会談と日韓条約　　　　　　　第5章　韓国の民主化運動、そのたたかいと現在

徹底検証 日本の軍歌 **重版出来**
——戦争の時代と音楽——

小村公次 著 （2011 年刊）［Ａ5判上製 292 頁］　　定価 2640 円 （税 10%込）

日本の軍歌はなぜ〝哀調〟なのか？ 戦後生まれが、なぜ軍歌を歌えるのか？ 幕末以降の
日本で、軍歌が担わされた役割とその歴史を徹底的に検証。話題のロングセラー重版。

置付けられましたが、補助金は少なく、最低基準もないなかで粘り強い運動が続けられ、自治体による支援が広げられていきました。2015年の「子ども子育て支援法」によって、市町村の条例に従って運営が行われるようになり、設置基準も作られ、自主的な組織による運営や、公設民営、公設公営など多様な形態での整備が進みました。学童保育の利用希望は増え続けており、待機児童の解消、狭隘な施設の改善、指導員の処遇改善に向けた運動が続けられています。

●保育士、学童保育指導員の処遇

　民間保育所の保育士の賃金は、全産業の労働者に比べて大幅に低く、休みは取りづらく長時間労働を余儀なくされ、保育士不足の大きな要因になっています。保育の質を維持するために国の基準よりも多い人員配置をしている保育所は、賃金を抑制せざるを得ない状況にあります。保育の質の確保のためには、保育の公定価格を引き上げる必要があります。

　学童保育の指導員（支援員）の賃金はいっそう劣悪な状況に置かれたまで、専門職としての処遇の改善は急務です。

●広がる子ども医療費と学校給食の無料化

　子育て支援策として、子どもの医療の無料化が、全国に広がりました。医療保険では、未就学児童の窓口負担は2割、就学以降は3割となっていますが、この窓口負担を無料にする自治体が増えています。未就学児については、すべての自治体で無料とされており、約6割の自治体が15歳年度末まで、約4割が18歳年度末までの無料化または減免を行っています。

　学校給食については、小学校・中学校とも無料化している自治体が4.4％あり、一部無償化・一部援助を加えると、506自治体（29.1％）が給食費の無償化に進み始めています。

　こうした政策は、住民の要求に応えた、自治体による子育て支援策ですが、子ども医療費の無料化について、自治体から国に対して「国の制度とすべき」との意見書があげられています。住民が市町村を動かし、都道府県が動き、それが国を動かす力になっていくのです。

★ 43
子どもの貧困

格差の拡大、貧困の広がりとともに、子どもの人権が危機にさらされ、さらに貧困の世代的連鎖が起きている。児童手当などの子育て世帯への社会保障給付の拡充とともに、保育や学習権の保障、給付型奨学金や高等教育の無償化など、一人ひとりの子どもの人権を保障するための政策展開が求められる。

●子どもの貧困率と貧困の連鎖

日本における相対的貧困率（※）は、1985年の12.0％から、2012年には16.1％に増大しました。子どもの貧困率は、1985年の10.9％から2012年には16.3％にまで上昇しています。特に、「子どものいる現役世帯」のうち「大人が一人」（ひとり親世帯）の貧困率は、54.6％です。非正規労働者が4割にも達し、社会全体に広がる格差と貧困は、子どもの貧困という深刻な問題を浮き彫りにしています。

貧困家庭に育った子どもの多くが、学歴や職業選択において不利益を受け、その結果、貧困が世代間に引き継がれ、連鎖し、再生産されていきます。

●労働条件改善と社会保障給付

子どもの貧困は、子育て世帯の貧困のもとで暮らす子どもの問題ですから、世帯の生活の安定をはかることが不可欠であり、保護者の就労状況と家計収入の改善は基本問題です。稼働所得による収入の増加とともに、社会保障における所得保障の拡充が求められています。児童手当、児童扶養手当などの制度はあるものの、児童のいる世帯では稼働所得の割合が92.1％と高く、社会保障による給付は2.3％に過ぎません（平成27年国民生活基礎調査）。子育て世帯に対する、基礎的な生活保障の経済的な支援の強化が必要です。

稼働所得の収入の増加については、賃金の引き上げ、とりわけ非正規労働者の賃金改善と雇用の安定などの、労働条件の改善が必要です。長時間労働をなくし、生活時間を確保して子どもと過ごす時間を確保するために

も、時給単価の改善が必要です。

　また、保育や学習権の保障、給付型奨学金や高等教育の無償化など、一人ひとりの子どもの人権を保障するための積極的な政策展開が求められます。

●子ども食堂や学習支援のりくみ

　貧困問題、とりわけ子どもの貧困は、地域社会に存在する具体的な問題です。全国各地で、子ども食堂やフードバンクの活動が展開され、貧困家庭の児童に対する学習支援の取り組みが行われています。地域に生起している現実に対して、保育所、学童保育、児童館、学校、行政、ＮＰＯ団体などで、できることを具体化していくことが重要です。本来は、国と自治体が、解決の第一次的責任を負い、子育て世帯への政策的な応援を制度化すべきですが、行政・公的機関がその責任をサボタージュしているもとでも、現実と最前線で向かい合い、その解決、緩和、軽減のための実践にとりくんでいる人々がいます。子どもは１日１日成長し、放置すれば貧困をかかえたまま大人になります。待っていてはくれません。

●権利主体としての子ども

　1989年に、国連で「子どもの権利条約」が採択されました。それまでの、児童福祉は、保護を必要とする場合に展開される福祉であり、児童保護を中心とする受動的権利保障でした。人権を重視するさまざまな動向は、子どもを権利行使の主体として受け止める潮流をうながしたのです。権利条約は、一般原則として「生命、生存および発達する権利（命を守られ成長できること）」、「子どもにとっての最善の利益」、「子どもが意見を表明し参加できること」、「差別のないこと」を掲げました。

　子どもは、どんな環境に生まれるかを、自分で選択することはできません。一人ひとりの権利主体としての子どもが成長する権利の保障を社会全体で解決しなければならないのです。

　（※）相対的貧困率＝国民の所得（等価可処分所得）を所得順に並べた中央値の１／２未満の人の割合。可処分所得は、世帯の収入から直接税・社会保険料を除いたもので、「等価」とは、可処分所得を世帯人員の平方根で割って一人あたりに換算した調整値。

生活保護制度と生活扶助

生活保護の給付は、医療扶助がほぼ半分を占め、医療保険の最低保障機能を生活保護制度が肩代わりしている。最低生活のための所得保障としての生活扶助は3割程度に過ぎない。本体部分の生活扶助を抑制するのではなく、社会保障制度全体で、最低生活保障を実現すべきである。

●生活保護の給付は、医療扶助が49%を占める

　生活保護制度は日本国憲法第25条の生存権保障を制度的に実体化したものです。日本の場合、生存権保障が公的扶助制度本来の機能であるべき所得保障の枠を大きく超えて、タコ足のように8種類の扶助に広げられており、本来現物給付として社会保険制度で保障されるべき医療・介護まで生活保護が担う形になっています。

　扶助の種別に見ると、保護費総額の約49%（1兆8,164億円）が医療扶助に使われています（2016年度）。保護開始世帯の状況を見ると、受給理由の大半が「国民健康保険の適用除外」となっており、国保から閉め出された人々であることが分かります。国保に医療保障制度としての最低保障機能（保険料や窓口負担の免除など）が備わっていれば、生活保護を申請せずにすむはずの問題です。介護扶助（約877億円、全体の2.4%）に関しても同様の指摘ができます。保護費全体の16%（約5,946億円）を占めている住宅扶助に関しても、低所得世帯に対する家賃補助制度があれば、保護は不要になります。家賃の支払いがカバーされれば、保護を受けずにすむ人はかなり多いと言われています。

　教育、生業、葬祭、出産の4扶助は全て合算しても総額の1%未満で、世帯数では8%です。現在の社会状況を考えれば、教育扶助と生業扶助はもっと受給しやすくして、給付を広げてもいくべきでしょう。

　生活保護の本体部分である生活扶助は、総額の31.8%（1兆1,807億円）で、構成比は低下傾向にあります。今の生活保護制度は「衣の多いエビの天ぷら」のようだとも言えます。最低生活費として生活困窮者に直接現金が支給される生活保護本体の扶助部分（エビ）は3割しかなく、その周りに各種の「衣」がつけられ、見かけを大きくしています。これらの

「衣」部分は、受給者の手に渡ることなく、医療機関、介護施設、アパート経営者等の手に渡ります。無料低額宿泊所などで保護費をピンハネする「貧困ビジネス」の温床にもなりえます。

●抑制ではなく、必要な財源確保を

　格差社会の進行を背景に、生活保護費は増加傾向にあります。これを受けて、厚労省は戦後初めて生活扶助基準の引き下げを断行し、生活扶助費の総額が2012年の1兆2,458億円から2016年の1兆1,807億円に4年間で651億円も下がりました。

　生活保護費の不正受給が問題視され、生活困窮は自己責任と言わんばかりの保護受給者に対するバッシングもなくなりません。不正受給は、件数で全体の1.8％、受給額で0.38％です（2010年）。暴力団関係者や貧困ビジネスによる詐取は排除すべきですが、保護されるべき生活困窮者を排除すべきではありません。保護申請者や受給者に対して、的外れな疑い、不当な監視や生活への干渉などの人権侵害があってはなりません。

　生活保護基準以下の収入で生活していて実際に保護を受給している世帯の割合（捕捉率）は、厚生労働省の推計で15％程度と言われており、多くの困窮者が取り残されています。生活保護費は全体で3.7兆円、社会保障給付費の3％程度に過ぎません。必要に応じて財源を確保するのは国の責任です。

　現行制度の枠内であれこれと削減策を講じ、保護の受給者数をコントロールするのではなく、だれもが、どんな場合でも、健康で文化的な生活を保障されるように、社会保障制度全体の仕組みを再検討すべきです。また、最低賃金制度の改善や雇用の安定などの労働政策を含めた、総合的な社会政策が求められるのではないでしょうか。

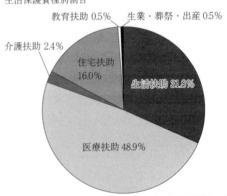

生活保護費種別割合

教育扶助 0.5%　生業・葬祭・出産 0.5%
介護扶助 2.4%
住宅扶助 16.0%
生活扶助 31.8%
医療扶助 48.9%

出所：国立社会保障・人口問題研究所『「生活保護」に関する公的統計データ一覧』（2019年10月2日更新）から作成

★45
裁判に訴える権利

> 社会保障・福祉の権利の実現が阻害される場合には、不服審査請求および裁判によって争う権利がある（争訟権）。裁判に訴えることによって、制度や手続きの改善もはかられてきた。

●争訟権

社会保障の権利性が保障されるためには、制度が行政のその時々の恣意的な判断ではなく法律によって明示され、制度は分かりやすく、情報の取得についても、また、手続き的にも接近容易である必要があります。さらに、社会保障・福祉の権利の実現が、何らかの原因によって阻害されている場合に、権利の実現のために、あるいは、是正を求めて争うことができます。この争う権利を争訟権と言います。

争訟には2つの方法があります。

ひとつは、行政が誤った行為をした場合（例えば、支給すべき手当を不支給とした場合など）、行政機関に対して不服を申し出る「不服審査請求」であり、もうひとつは、訴訟（司法による審査＝裁判）です。

●戦後の社会保障裁判

社会保障の権利性を明確にした日本国憲法の制定以降、多くの訴訟が行われてきました。

1957年に始まった生活保護をめぐる朝日訴訟は、「人間裁判」と呼ばれ、一審で勝訴したものの高裁で逆転敗訴し、原告の朝日さんの死亡によって裁判は終結しました。行政庁の処分の適否や、当時の生活保護基準の水準について争われ、あらためて憲法に光をあてた裁判でした。

1970年の堀木訴訟では、障害福祉年金と児童扶養手当の併給禁止規定の違憲性が争点になりました（第一審勝訴、高裁・最高裁で敗訴）。

生活保護における世帯単位原則の不当拡張を問題にした藤木訴訟（1972年地裁判決）、学資保険の満期金の支給を理由とした保護の減額は違法とした福岡・学資保険裁判（2004年最高裁判決）、保護申請の不受理などが問われた三郷生活保護訴訟（2013年地裁判決）などでは、原告が勝訴し

ています。障害者福祉におけるサービス利用時の定率負担について、その違憲性を問うた障害者自立支援法違憲訴訟では、国と当事者の間で和解が行われました。

在りし日の朝日茂さん／連合通信社提供

現在、2013年から15年にかけて強行された生活保護基準の引き下げに対して、全国29か所で「いのちのとりで裁判」がたたかわれています。また、2013年からの年金の減額については、全日本年金者組合の呼びかけで、12万件をこえる行政不服審査が行われ、2015年からは、約5300人が参加して、全国39か所の裁判所に対する「年金引き下げ違憲訴訟」がたたかわれています。

●争訟の意義と裁判を受ける権利の保障

　裁判に訴えることが契機となり、敗訴となった場合でも、しばしば給付水準や手続きの改善が行われてきました。当事者の権利を守る点でも、制度の改善をはかるということでも、訴訟には社会的な意義があります。

　一方、裁判費用や、弁護士・専門家の協力、裁判への支援と世論形成など、普通の住民にとっては、訴訟に踏み切るうえで、ハードルは低くありません。権利侵害があるために訴えるのですが、裁判は決着がつくまでに年数を経ることも多く、原告の死亡によって終結する場合もあります。制度によっては不服審査を経たうえでなければ提訴できない場合もあります。権利侵害に対しての救済なのですから、手続きの簡素化や費用の保障、迅速な判断などの改善が求められます。

コラム⑦
貧困ビジネス

(2020 年 12 月 21 日付・東京新聞より一部抜粋)

(★ 44 関連)

生活保護の増加　貧困ビジネス切り離せ

　住まいを失い、生活保護を求める人に一部の自治体が無料低額宿泊所（無低）への入居を申請条件にしている。無低には「貧困ビジネス」と指摘される施設が多い。

　無低は社会福祉法に基づく民間施設で、全国に 570 か所（同省調べ）ある。良心的な施設もあるが、劣悪な環境で粗末な食事しか与えず、入居者から生活保護費を搾取する「貧困ビジネス」の温床となっているケースが多い。

　なぜ、一部の自治体が無低を条件とするのか。自治体側は受給者の生活状況を把握しなくてはならないが、職員不足から無低に任せがちなことが一因だ。ただ、困窮者の支援団体からは「財政負担を減らすため、施設の劣悪さから申請を諦めさせる『水際作戦』に使っている」と指摘する声も強い。

　厚労省は各都道府県などに対し「申請権の侵害または侵害していると疑われるような行為」として、無低入居を条件化しないよう通知している。しかし、支援団体などによると、通知後も状況は改善されていないという。

　かねて生活保護バッシングが繰り返され、菅義偉首相（注・当時）は「自助」を強調する。しかし、生活保護は憲法 25 条の「健康で文化的な最低限度の生活を営む権利」に基づく制度だ。生活保護基準を下回る経済状況で、実際に生活保護を受給している世帯は 2 割強にすぎない。

　国は無低入居を申請条件にさせない指導を徹底し、空き家利用など住宅の供給にも一段と力を入れるべきだ。生活保護は「最後のセーフティーネット」だ。

コラム⑧
朝日訴訟第一審判決から
（★ 45 関連）

（一部抜粋）

　1960 年 10 月 19 日の東京地裁判決は、次のように述べている。
　「憲法 25 条は … 自由権的人権の保障のみに止まらず、国家権力の積極的な施策に基づき国民に対し『人間に値する生存』を保障しようといういわゆる生存権的基本的人権の保障に関して規定したもの」
　「生活保護法は … 憲法 25 条の明定する生存権保障の理念に基づいて … 単に国の事実上の保護行為による反射的利益を享受させるにとどまらず、積極的に国に対して同法第 3 条の規定するような『健康で文化的な生活水準』を維持することができる最低限度の生活を保障する保護の実施を請求する権利、すなわち保護請求権を賦与することを規定したものと解すべきである」
　「国内における最低所得層 … が現実に維持している生活水準をもって直ちに生活保護法の保障する『健康で文化的な生活水準』に当たると解してはならない」
　「（生活水準の判定については）その時々の国の予算の配分によって左右されるべきではない … 最低限度の水準は決して予算の有無によって決定されるものではなく、むしろこれを指導支配すべきものである。その意味では、決して相対的ではない」
　「『健康で文化的な生活水準』は、国民の何人にも全的に保障されねばならない … （生活扶助のほかに）医療扶助、教育扶助を規定し、この両者の制度があるからといって健康で文化的な生活を保障したと解するのは無意味であり、いかなる生活形態をとるにせよ、その生活自体が健康で文化的な生活といい得る要素をもたねばならないことは明らかである」
　地裁判決は、このように述べて原告勝訴としたが、東京高裁では、63 年 11 月に逆転敗訴となった。67 年には最高裁で、原告の死亡により終了とされた。

★46
住まいと人権

安心して住み続けられる「住まい」は、「人権」尊重の社会を実現するための要である。しかし、そのためには「働く場」の確保が必要であり、社会保障制度もこれらを土台にしてこそ、真に活かされる。

●住まいと雇用は密接な関係

住まいと働くこととは、密接な関係があります。いまでも多くの人々の記憶に残っているのは、2008年のリーマンショックの影響による「派遣切り」で、会社の寮や借り上げ社宅を追われたり、収入がなくなって家賃を支払うことができず、ホームレス状態になったりする人が出ました。また、2020年の新型コロナウイルスの感染拡大では、弁護士が組織した「コロナ被害を乗り越えるいのちとくらしを守る何でも電話相談会」に、働く場を失い、家賃の支払いや住宅ローンの返済ができなくなったという声が多数寄せられました。賃借人・賃貸人、借家・持ち家の別なく、安心して住み続けられる住まいの問題が、浮き彫りになっているのです。

早川和男作成『住まいの論理』嵯峨野書院、1995年より。
『居住福祉』早川和男、岩波新書、1997年、127頁

●住まいと社会保障のつながり

日本国憲法の第25条には「健康で文化的な最低限度の生活」を保障するとあります。しかし、住まいの保障については、理念も制度もない現状にあると言わざるを得ません。「居住福祉」という考え方を提唱した早川和男（神戸大学名誉教授）は、「人生は一つの橋を渡

るに似ている」「人生という社会の荒波にかかる橋の基礎をなす住宅と居住環境が崩れたならば…社会保障制度はもとより、国民生活も国家も崩れ落ちる」と述べています。住まいや居住環境は、人が渡る橋の土台にあたるものであり、その土台がしっかりしてこそ、社会福祉や社会保障制度も活かされるのです。

●人権尊重の社会へ

　住まいは生活を営む基本的な場ですが、生活を営むには働く場が必要です。加えて医療、教育、福祉などもなければ成り立ちません。井上英夫（金沢大学名誉教授）は、コロナ禍をきっかけに、「住み続ける権利」が保障される社会を実現することが、ますます重要な課題になっていると指摘しています。（図　参照）

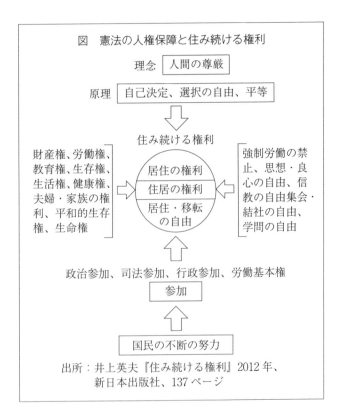

図　憲法の人権保障と住み続ける権利

理念　人間の尊厳

原理　自己決定、選択の自由、平等

住み続ける権利

財産権、労働権、教育権、生存権、生活権、健康権、夫婦・家族の権利、平和的生存権、生命権

居住の権利
住居の権利
居住・移転の自由

強制労働の禁止、思想・良心の自由、信教の自由集会・結社の自由、学問の自由

政治参加、司法参加、行政参加、労働基本権

参加

国民の不断の努力

出所：井上英夫『住み続ける権利』2012年、新日本出版社、137ページ

コラム⑨
イギリスの住宅保障制度
（★ 46 関連）

イギリスでは 1966 年に、それまでの公的扶助受給世帯限定の「家賃扶助」が廃止され、低所得世帯一般を対象とした「レント・リベート（家賃割戻し）」制度に発展・吸収されました。1984 年には現行の「ハウジング・ベネフィット（住宅給付）」制度に再変更され、低所得者の住宅喪失防止に大きな力を発揮しています。

　イギリスの政府統計によれば、2013 年現在、「住宅給付」の受給世帯数は 507 万 8,523 世帯で、全世帯の 27.9％に上ります。18 〜 34 歳の若年層が 127 万 8,255 世帯、35 〜 59 歳の中壮年層が 217 万 8,801 世帯、60 歳以上の高年層が 162 万 1,342 世帯と、幅広い年齢層が受給しています。家賃実額の 80 〜 100％が補助される仕組みです。受給額の平均は 1 世帯当り月額換算で 386 ポンド 97 ペンス（5 万 8,045 円）です。

　ＯＥＣＤ（経済協力開発機構）が公表している社会支出（社会保障給付費）は 9 分野に分かれていて、そのなかの 1 つが住宅分野です。日本を含む先進工業国 6 カ国を比較すると、2015 年現在日本は最下位で、国民 1 人当りの年間の住宅関連給付費はわずか 57 ドル（約 6 千円）。日本には生活保護の住宅扶助しかないためです。アメリカ 187 ドル（約 2 万円）、ドイツ 311 ドル（約 3 万 3 千円）、スウェーデン 359 ドル（約 3 万 8 千円）、フランス 430 ドル（約 4 万 5 千円）となっています。最も高いのはイギリスで、年間 908 ドル（約 9 万 5 千円）。日本の 16 倍もの住宅保障が行われています。日本の住宅保障はイギリスの半世紀以上前の段階に止まったままです。

第5章

社会保障をよくする運動の場
―職場・地域からの運動―

2008年末から09年始めにかけて、仕事や住まいを失った人々に対して、全労連などの労働組合や市民団体が「年越し派遣村」という炊き出しにとりくんだ。最終日1月6日には政府へ要請するデモ行進を行なった／連合通信社提供

★47
中央社保協の存在と活動

> 　中央社保協（中央社会保障推進協議会）は、労働組合や諸団体による、社会保障の改善をめざして運動をすすめる共同組織である。全国に地域社保協があり、全国的な運動とともに、地域住民の生活要求の実現のための運動が展開されている。

●労働組合や諸団体による共同の組織

　中央社保協（中央社会保障推進協議会）は、労働組合、医療、福祉関連の諸団体、女性団体などの組織が集まって、戦後の荒廃した日本を再建し、国民の生活と権利、憲法に明記されている「生存権」の実現のために1958年に創設され（★29、★30参照）、日本の社会保障制度の改善をめざして、共同して運動をすすめる組織です。

　1960年代の朝日訴訟、小児マヒから子どもを守る運動、70年代の老人医療費無料化の運動をはじめ、今日にいたるまで、医療、年金、福祉、介護などの改善運動をすすめてきています。

　現在、全国労働組合総連合（全労連）など27の労働組合、全国保険医団体連合会（保団連）など13の諸団体が参加しています。また、都道府県や地域に組織をつくり、地域の要求にもとづく運動をすすめています。47都道府県すべてに社保協があり、市区町村を基礎にして組織している地域社保協も471の地域で活動しています（2020年）。

●存続の危機を乗り越えて

　1989年、ナショナルセンターが連合（日本労働組合総連合会）と全労連（全国労働組合総連合）に再編され、事務局を担っていた総評が解散し、中央社保協は解散の危機に直面しましたが、諸団体の努力と新たに発足した全労連の協力で困難をのりこえ、組織と運動を存続させました。

　新体制で出発した社保協は、90年代の新自由主義的な社会保障「改革」に対峙して国民的な運動を推進しつつ、地域社保協の再建、新結成をよびかけ、全ての都道府県に社保協の旗を掲げていきました。都道府県の社保協や地域社保協は、中央社保協が呼びかける全国的な運動に参加する一方

で、住民の生活要求の実現に向けて、それぞれに、地方・地域の自主的な運動を発展させています。

●人権の砦を築く

中央社保協は、「憲法25条の基本理念にもとづく社会保障制度の確立と改善・拡充にむけて、一致する要求にもとづく諸活動と、全国民的な規模の共同を推進すること」を目的とし、「社会保障の現状、実態をひろく明らかにし、社会保障制度を改善・拡充する運動と事業を推進する」「そのため各参加団体と提携を深め、全国的に統一した社会保障運動を推進する」「日本の社会保障制度の調査研究」「教育・啓蒙活動を推進するための機関誌、情報の発行、討論集会の開催」などの運動と事業を行うとしています（「中央社会保障推進協議会規約」より）。

2008年に発刊された『中央社保協50年史』では、「民主・平和・人権の憲法と国際的諸原則に立って、たえざる日米安保の外圧とそれに支えられた巨大独占資本の横暴が近年その極まで達しようとする中で、それに抗する内外人民の力に依拠しつつ、絶えず人権としての社会保障の旗を、終始高く掲げてきた」とあり、「社会保障を核として、網の目のように地域をカバーする人権の砦を築く。これこそ21世紀の社保協の進むべき道であろう」と書かれています（『人間らしく生きるための社会保障運動——中央社保協50年史』2008年、大月書店）。

さまざまな分野の運動団体がある

　戦後の日本では、さまざまな分野で生活要求を土台にした運動が起こり、運動の発展とともに運動団体がつくられ、連携や共同を積み重ねながら、社保協という組織を生み出し、独特の形態の社会保障運動が形成されてきた。諸階層ごとの団体や、要求課題ごとにつくられてきた運動体とともに、労働組合の果たす役割は大きい。

●日本独特の運動形態

　ヨーロッパや北欧では、労働組合の歴史が長く、社会保障運動は労働組合によって担われてきました。日本の場合は、第2次世界大戦の終了まで社会運動が抑圧されていたため、本格的な運動は戦後に始まり、労働と生活の場からのさまざまな分野の運動が「下から」つくられ、さまざまな形態で運動体が生み出され、その過程で、労働組合運動との連携や共同が広がり、社保協という日本独特の運動組織が形成されました。

●医療関係団体

　全日本民医連（全日本民主医療機関連合会）は、戦後の荒廃の中で、働く人の医療機関として、医療従事者と労働者、農民、地域の人々によってつくられた「民主診療所」が全国的に合流し、患者の立場に立った医療の実践とともに、生活向上と社会保障の拡充、平和と民主主義の発展のために活動しています。全日本民医連に参加する医療機関は「営利を目的とせず、事業所の集団所有を確立し、民主的運営を目指して活動」（民医連綱領）し、差額ベッド料を徴収せず、低所得者のための無料低額診療事業に積極的に取り組んでいます。

　保団連（全国保険医団体連合会）は、国民皆保険制度の発足とともに、「開業医の経営を守る」「保険で良い医療の充実・改善」を掲げる開業医の団体です。

　医療関係では、全日本民医連、保団連、医療福祉生協連、新日本医師協会、日本医労連が医療団体連絡会議を構成し、医療制度改善の運動を進めています。また、患者組織として、朝日訴訟で中心的な役割を担った日本

患者同盟があります。

●福祉関係団体

戦後まもなく全国各地域で「生活と健康を守る
会」（生健会）が発足し、全国組織として全生連
（全国生活と健康を守る会連合会）がつくられ、
低所得者の生活を守るために、生活保護受給を援
助し、生活保護制度の改善を求め、医療保険拡
充、公営住宅の改善などに取り組んでいます。

障害者団体では、障全協（障害者の生活と権利を守る全国連絡協議
会）や、共同作業所や障害者福祉にかかわる事業所の共同組織である
「きょうされん」（旧称「共同作業所全国連絡会」）などが、障害者運動の
推進役として活動しています。

保育・学童保育では、保育問題協議会、全国学童保育連絡協議会など
が、制度の改善・拡充を求めて運動を続けています。

2020年には、誰もが国の責任において必要な支援を受けられる社会福
祉をめざして、社会福祉経営全国会議が結成されました。

●国民諸階層の運動団体と労働組合

小規模な事業者が助け合い、励まし合って、営業と暮らしを守る活動を
している民主商工会（民商）の全国組織としての全商連、新日本婦人の
会、母親連絡会、婦人民主クラブなどの女性団体、農業者による農民連
（農民運動全国連合会）などの団体も社会保障運動に積極的にかかわって
います。「高齢者連絡会」や「認知症と家族の会」など、さまざまな分野
で自主的な運動体が生まれ、社会保障制度の改善を求めて活動しています。

今日、日本の労働力人口（約6千万人）の中で、労働者は5千万人を超
えて8割以上を占め、経済と社会を支える最大勢力となっています。その
2割近くを組織している労働組合の役割は極めて大きいものがありま
す。実際、さまざまな運動の中で、労働組合は、さまざまな運動をつな
ぎ、共同の運動を組織し、社会保障の活動家を生み出してきました。国民
諸階層、さまざまな分野での要求運動に、労働組合が積極的にかかわって
いくことが、社会保障運動の発展にとって重要な位置を占めています。

★ 49
働く現場から考える社会保障

> 賃金・労働条件は直接には労使関係によって決まるが、その背景には、社会保障の諸制度がかかわっている。現役時代の賃金・雇用は、年金格差として老後の生活にも影響する。労働組合は、直接の労働条件とともに、社会保障の諸制度に、積極的にかかわっていく必要がある。

●労働現場に現れる問題

働く現場で生じるさまざまな問題は、社会保障の制度問題と関連していることが少なくありません。

賃金は、それぞれの職場の労使関係によって決定されています。労働組合があれば団体交渉によって、組合がない場合は、その時々の社会的な水準が反映しています。初任給や企業内最低賃金は、最低賃金制によって下支えされ、非正規労働者の多くは、最低賃金制度が直接的に影響します。医療や介護における賃金は、診療報酬や介護報酬という、社会保障制度に組み込まれたサービス単価が影響します。保育や福祉の分野でも、国が定めるサービス単価が公定価格として作用します。労使で決定しているように見えても、賃金は、社会保障制度に関係しています。

賃金支払いの際には、給与総額から、税金・社会保険料が差し引かれ、その残りが生活費としての可処分所得になります。所得税・住民税は税制によって決められ、社会保険料は、社会保険・労働保険の規定によっています。税制や社会保険の規定が変われば、給与のうちの可処分所得が変わってきます。社会保険料は、労使折半になっていますが、かつては、その負担割合を、労使協議によって「3：7」にする事業所もありました。健康保険や労災保険における休業手当は、なぜ8割で10割ではないのでしょうか。本来であれば、こうした制度を決めるにあたって、当事者である労働者の意見を取り入れていく必要があります。

●現役時代の不利益が老後に引き継がれる

現役時代の賃金と雇用された期間は、年金の支給額に影響します。老齢厚生年金の支給額は、現役時の平均賃金と加入期間に比例するからで

す。現役時代の賃金格差は、そのまま年金格差に移行し、失業期間があった場合は、その分だけ年金が減ります。現役時代の不利益が、老後生活に「比例」して引き継がれるという制度は、公正なものなのでしょうか。

　労働基準法には、家族手当や住宅補助（住宅手当、社宅、ローン補助など）の規定はないので、使用者には、こうした手当を支払う法的な義務はありませんし、企業内福祉と呼ばれる諸手当などは、企業によって、特に、企業規模によって大きな格差があります。勤めた企業によって人生は大きく影響しますが、社会保障制度は、こうした労働生活における格差に対応しているのでしょうか。

●要求と政策

　日本国憲法28条は、労働者の団結権、団体交渉権　団体行動権を保障しています。賃金、労働条件は直接には労使関係の問題ですが、その背景に、前述のように、社会的な水準や社会保障の制度が関係しています。労働にかかわる諸条件について、社会保障制度とのかかわりに関する問題を解決していく運動の主体は、労働組合のほかにはありません。

　要求実現や問題の解決のために、あるいはより良い制度をつくっていくために、直接の使用者と交渉するだけでなく、産業に固有の問題はその産業にかかわる労使で、国の制度問題では、中央段階での労使の代表や政府との交渉、場合によっては、国会に働きかけていくことが可能です。

　そのために、労働組合は、職場あるいは企業を単位としつつ、地域的な連合体や、産業ごとの連合体を構成し、その全体が全国中央組織（ナショナルセンター）を形成しています。

　労働者は、職場での具体的な問題の解決や、労働者としての生活の維持・向上のために、労働組合運動によって、税制や社会保障制度の改善・改革にかかわっていかざるを得ません。社会保障は、歴史的にも、賃金生活者の生活問題から発して形成されてきたものなのですから。

★ 50
地域からの社会保障運動

　全国の地方・地域で、社会保障運動が展開されており、網の目のように組織された、地方・地域の社保協（社会保障推進協議会）がその担い手となり、自治体を「暮らしを守る砦」にしていく活動が進められている。

●地方・地域の社会保障運動

　都道府県単位の社保協（社会保障推進協議会）は、その地方の労働組合、諸団体、専門家（個人）などで構成され、その傘下に、市区町村単位あるいは複数の市町村を活動エリアとする地域社保協があります。例えば、東京社保協には 45 の地域社保協があり、大阪社保協には 52、京都社保協には 25、埼玉社保協には 41 の地域社保協があります。

　都道府県および地域の社保協は、国の動向に対応する全国的な運動を地方で展開するとともに、住民要求を掲げて、都道府県や市町村に対する要請や政策提起を行っています。

　地方・地域の活動では、自治体要求行動、世論づくりの宣伝・署名と相談活動、社会保障にかかわる学習会などが取り組まれています。

　社会保障・福祉の諸制度は、国が、法律によってその枠組みを決めますが、直接住民と向き合う自治体が具体的な事務を担うことが多く、住民の生活実態や要求を国の政策に反映させ、あるいは、自治体が独自に行う福祉施策を充実させていくために、中央、都道府県、地域がつながって系統的な運動を進めていくことが重要なのです。地方・地域の運動の中で、草の根からの社会保障の活動家が生まれ、全国的な社会保障運動が前進し発展していきます。

●社会保障学校と自治体キャラバン

　都道府県社保協による「社会保障学校」と市町村を訪問して意見交換を行う「自治体キャラバン」の活動は、特筆される取り組みです。

　中央社保協による全国規模での社会保障学校は、歴史的にも、社会保障運動の前進を支えてきました。今日では、都道府県社保協による社会保障

学校が、地方・地域からの活動家を育成するための役割を担っています。

　都道府県社保協が、地域社保協との共同で、域内の各市町村を訪問して要請・懇談を行う「自治体キャラバン」の取り組みが広がっています。地域からの参加者は、都道府県社保協の要請団とともに懇談をするなかで、国の動きや、それに対応する市区町村の施策について、実践的に学ぶことにもなります。

●自治体を、暮らしを守る砦にする

　国保運営における低所得者の保険料の軽減、介護保険の利用時の負担に対する補助、子どもの医療費の補助、保育や障害者福祉における施策など、自治体は、住民の暮らしの実情と要求に対応して、独自の施策を行い、国の制度の不十分さを補完しています。

　負担増や給付の削減など、社会保障制度の後退、制度改悪が行われ、住民の暮らしが脅かされる場合には、自治体が、暮らしを守る防波堤になって、独自施策を行うことが必要になります。国いいなりの行政にとどまるのではなく、こうした独自施策を行うのは、住民の要求運動があってこそのことです。地方自治体の存在意義は「福祉の増進」にあります。地方・地域の社会保障運動は、国の諸制度の改善のための活動とともに、自治体を「暮らしを守る砦」にしていく視点での取り組みが不可欠です。

●さまざまな人たちとの連携

　地域には、市民によるさまざまな運動があります。ホームレスの人たちを支援する取り組みや、孤立した高齢者を支える活動や、子どもの貧困に向かい合う活動などがあり、また、民生委員や児童委員の活動もあります。地域活動の中で、こうした活動を行っている人々やサークルとつながることで、地域の福祉運動も前進します。地域社保協は、いつでも、全住民的な視点での活動に努力することによって社会的影響力を広げていくことができます。

★51
地域の生活問題に目を向ける（調査活動）

> 　地域における生活問題の現状を把握することで、地域における運動課題が見え、解決に向けての合意形成と具体的な要求運動が発展する。社会保障制度には、制度間の格差があるが、地域における生活問題を共有していくことで、格差・分断をも乗り越えていくことができる。

●地域という社会保障運動の舞台

　社会保障は勤労者の生活上の困難に対する社会的対応ですから、その主な舞台は生活の場である地域社会です。社会保障・福祉は、さまざまな制度に分類できますが、そこに住み、生活をするという立場から見れば、生活問題に対して総合的で生涯にわたる生活保障として整えられる必要があります。地域の社会保障運動は社会保障分野からのまちづくりです。

　社会保障制度には、就業形態や雇用形態の違いと結びついた制度間の格差があります。他方で、傷病者の治療や子ども・高齢者・障害者のケアなどの社会保障の現物給付の部分や最低生活保障としての生活保護など、だれにでも共通する課題があります。

　地域社会は多様な人々が生活を営む場であり、生活上の困難も多様な形で表れてきます。それを共通の社会保障課題として共有し、地域の公共財としての社会保障制度を整えていくのが社会保障運動です。歴史的に形成されてきた社会保障制度の格差・分断構造は、地域における運動の積み重ねを通して解消に向かうことができます。

●地域の生活実態と生活基盤の現状把握

　社会保障制度が憲法に則って制度化され、運用されているかどうかは、地域における人々の生活の実態のなかに具体的に示されることになります。そこで、社会保障運動を進めるにあたって地域社会のなかの多様な勤労者の生活問題の把握が、運動の最初の第一歩ということになります。生活実態と社会保障の現状を突き合わせることで運動の課題が明らかになります。そのためには、生活の実態把握のための取り組みが欠かせません。

●現状把握の方法

　地域住民の生活実態を知るために、まずは、運動に関わっている労働組合や協同組合、当事者団体、業者団体、個人などが、すでに保有している組合員や会員等の生活実態などのデータを共有することです。

　それだけで地域の全体像を把握することはできないので、国や自治体など行政が出している統計や資料などから情報を得る必要があります。社会保障運動に参加している団体や個人の持つさまざまな生活情報と行政の統計や資料を重ね合わせて読み込むことで地域の生活実態が明らかになってきます。この過程を通して、収集したデータや情報で分かること、またこれらのデータなどでは分からないことも見えてきます。

　そこで、アンケートや事例調査、相談活動などによって、より実態に迫っていくことになりますが、生活上の問題を抱えている人は、その困難が深刻であればあるほど、声を出さないという傾向もありますから、積極的にアウトリーチ（働きかけ）を行っていく必要もあります。こうして、地域の運動課題がよりはっきりとしてきます。

●要求課題と問題解決

　運動課題が見えてくれば、どういう問題を自治体のどの担当部署に求め、どのように解決するのかという、要求づくりと政策づくりについて、議論し、合意形成をはかっていきます。既存の制度の問題点も明確になっていきます。その際、困難を抱えている当事者の参加も重要です。生活困難が、単なる個人的な不幸ではなく、社会の問題であることを自覚する契機になるからです。困難の当事者による問題の社会化は、地域社会における社会的事実の共有へとつながっていきます。

　現状把握の活動（社会調査）は、社会保障運動を力づけ、結果として社会を変える大きな力があります。調査活動は、何か難しいことのように思われがちですが、住民運動としての取り組みですから、生活の困難を社会との関連で、すなわち社会保障制度との関連で、社会的な事実として把握し、運動に参加する団体や個人、住民の間で共有していくことが、運動の土台になっていくのです。

統計資料を活用する

現行の制度に対して、改善・改革を求める根拠として、制度の運用の実態と、労働者・国民の生活の実情を把握する必要がある。そのために、さまざまな統計資料を活用することができる。

●改善・改革の必要を示す

社会保障運動は、現行の制度や政策に対して、何らかの改善・改革を求める社会的な取り組みです。制度や政策の改善・改革を求める根拠には、主に2つのことが関わっています。一つは制度や政策の運用に関わる問題です。例えば、介護保険では、開始から20年を経て制度の根幹は変わっていませんが、保険料の引き上げや給付制限がくりかえされ、当初の介護の社会化という理念が置き忘れられています。もう一つは、制度を利用する労働者や国民の側の生活の変化です。非正規労働者が4割に達しているのに、正規労働者を想定してつくられている社会保険制度の機能は不十分です。

そこで、労働者・国民の側から問題を提起し、制度や運用の変更を求めることになりますが、その根拠を示すために、統計資料が役立ちます。

統計資料には、官庁統計と民間の諸機関によるものがありますが、その最大の特徴は、社会状況が数値で示されることです。

●いろいろな統計資料がある

官庁統計には、国民生活の実態を示す統計データ、社会保障の運用実態のデータ、現状に対する世論調査などの意識調査などがあります。

国民生活の実態を示す統計資料には、「国勢調査」、雇用や労働に関わる「労働力調査」、「就業構造基本調査」、生活や消費に関わる「国民生活基礎調査」、「家計調査」、「全国消費実態調査」、「社会生活基本調査」などがあります。

社会保障の運用実態を示す統計資料には、社会保障費用に関する「社会保障費用統計」、社会保険に関するデータ（「国民医療費」、医療保険・各種公的年金・雇用保険・介護保険等の業務統計）、社会福祉に関するデー

タ（「社会福祉施設等調査」、「福祉行政報告例」等）などがあります。

　国民生活や社会保障の現状についての意識調査は、内閣府の「国民生活に関する世論調査」や「社会意識に関する世論調査」などが定期的に実施されています。行政の調査だけでなく、報道機関や大学・研究機関、運動団体等によっても、行われています。地域運動では、都道府県や市町村による統計データも活用できます。

●データを利用するときの留意点

　多くの統計資料は、全数検査でなくサンプル調査ですから、その調査が何を対象（母集団）としているのか、サンプルがその対象を代表しているか、またはサンプルに偏りがないかなどに注意を払う必要があります。

　統計資料の用語は、それぞれその統計目的に応じて定義されており、その定義によって、データの意味が異なってきます。例えば、貧困率のばあい、絶対的貧困率は、定義として設定した所得水準よりも低い人の割合ですが、どこにその基準を設定するか、つまり基準の定義によってデータは変わります。相対的貧困率は、全体を所得順にならべてその中央値の2分の1以下の人の割合を示すので、全体の所得水準の変化によって変動します。用語の定義をきちんと押さえて、読み解くことが必要です。

　データの中でしばしば登場する「平均値」は、ある全体の量を人数や件数で割るので全体量の水準をはかるという意味で役立ちますが、社会的な実態を表現しているとは限りません。例えば、10人のうち、1人が2000万円の所得があり、9人はそれぞれ200万円という集団の場合、平均値は380万円になり、みんなが380万円の生活をしているように見え、格差は見えなくなります。

　統計資料の活用の際には、数値だけでなく、個別事例など、現実社会の状況を示すさまざまな情報とつき合わせ、データの背後にあるものに想像を働かせることが必要です。

コラム⑩
国がやらないのなら……
（★51 関連）

　1960 年、岩手県沢内村（現・西和賀町）が、65 歳以上の医療費の無料化を実施、61 年には 1 歳未満の乳児の医療費を無料化し、さらに無料の対象となる高齢者の年齢を 60 歳まで引き下げた。

　沢内村は、県内でも特に貧しい土地として知られており、貧しさから来る栄養失調や環境衛生の悪さから乳児死亡率が高く、豪雪の山村であり、冬は病人や乳児を病院に運ぶこともままならなかった。貧困だったために「医者にかかると治療費がかさみ、家の財産を失う」（「かまど返し」と呼ばれていた）という考えも根強く、病気になると家計の負担にならないように自殺する高齢者も珍しくなく、病人が治療を受けないまま死ぬことは、当時のこの村では、ごく当然のことだった。

　無料化に際して、岩手県庁の担当者から待ったがかかった。1959 年に施行された国民健康保険法では、治療に必要な費用の 1 ／ 2 を一部負担金として患者が支払うことになっていたことから、国民健康保険法違反だとして協議は整わず、無料化の計画は暗礁に乗り上げた。

　当時の深沢晟雄（ふかざわまさお）村長は、「国民健康保険法に違反するかもしれないが、憲法違反にはなりません。日本国憲法が保障している健康で文化的な生活すらできない村民がたくさんいる。訴えるならそれも結構、最高裁まで争います。本来、国民の生命を守るのは国の責任です。国がやらないなら私がやります。国はあとからついてきますよ」と喝破し、村の議員たちを説得して実施した。

　沢内村は、1962 年には、日本の自治体として最初に乳児死亡率ゼロを達成した。1969 年には、東京都が高齢者の医療費を無料化し、全国の自治体に波及し、1973 年には、70 歳以上の医療費無料化が国の制度として実施された。

あとがき

　労働総研社会保障研究部会は、2013 年に『社会保障再生への改革提言』を発刊した後、労働組合や地方・地域の社保協などから、社会保障にかかわる政策や運動の現状について報告をいただき、聞き取りを重ねました。そのうえで、運動の発展と、そのための担い手や活動家づくりをすすめるための入門的な学習テキストとしての本書の発行に至りました。

　「社会保障」というと「難しい」「とっつきにくい」との感想も聞かれます。しかし、2020 年からのコロナ禍の下で、医療をはじめとした日本の社会保障の脆弱さが明らかになり、その重要性が具体的に示されました。社会保障の充実は、労働者・国民のいのちと暮らしを守るための喫緊の要求になっており、国民的な運動の広がりが求められています。

　大事なことは、多くの労働者・国民が社会保障をめぐる情勢、制度などを学び、地域住民の実態や要求を共有し、自治体や国の行政に反映させ、一致する要求で団結し、共同の運動を広げて、社会保障・社会福祉制度の改善をはかっていくことです。

　本書は、そのために、労働組合をはじめ、社会保障運動に携わる人たち、あるいはこれから携わろうとする人たちに、手に取っていただきたい入門書です。

　中央社会保障推進協議会が、2021 年 9 月に発行した「社会保障入門テキスト」（『社会保障』誌 2021 年秋号特集）と合わせて活用することで、世代や立場の違いを超えた学習と対話にもつながるものです。

　社会保障運動は、日本国憲法「第 25 条」を確信にし、深めていくものでもあります。社会保障の歴史、その必然性と発展方向を広く語り学び合うことが、社会保障制度の改善を実現する社会的な力になっていくことでしょう。

　本書の企画・作成にも参加され、戦後の社会保障運動の先頭に立ってこられた公文昭夫氏（元総評社会保障局長・元中央社保協副会長）が、本書完成直前に急逝されました。公文氏には、社会保障運動の節目ごとに、ご指導・激励をいただきました。本書には、公文氏から託されたメッセージが込められてもいます。公文氏への感謝とともに、ご冥福を心からお祈りいたします。

社会保障形成史

（世界）		（日本）	
1601	イギリス・エリザベス救貧法		
1789	フランス革命・フランス人権宣言		
1799	イギリス・団結禁止法（この頃、各地に「友愛協会」成立）		
1833	イギリス・工場法		
1844	イギリス・ロッチデール協同組合		
1865	カール・マルクス『資本論』	1868	明治維新
1878	ドイツ・社会主義鎮圧法	1873	徴兵令
		1874	恤救規則
		1875	軍人恩給始まる
1883	ドイツ・国営労働者保険（疾病保険・失業保険）	1884	官吏の恩給始まる
		1886	雨宮製糸女工スト
1884	ドイツ・災害保険法（労災保険）	1889	大日本帝国憲法
1890	ドイツ・老齢疾病保険（老齢年金）国際メーデー	1897	労働組合期成会・日本鉄工組合
1901	イギリス・ラウントリー「貧困調査」公表	1900	治安警察法（労働組合禁止）
		1905	鐘紡共済組合（被用者保険）
1911	イギリス・国民保険法（健康保険・失業保険）		
1914	第1次世界大戦（～1918）		
1917	ロシア革命		
1918	旧ソ連・勤労者社会保障規則		
1919	ILO設立（8時間労働を宣言）		
1926	ニュージーランド・家族手当	1922	健康保険（労働者保険）
		1923	恩給法（恩給の一本化）
		1929	救護法（32年施行）
1935	アメリカ・社会保障法	1937	日中戦争勃発
1938	ニュージーランド・社会保障法	1938	国民健康保険（旧法）
1939	第2次世界大戦（～1945）	1939	船員保険法（医療・年金）
1941	大西洋憲章	1941	アジア・太平洋戦争（～1945）
1942	イギリス・「ベバリッジ報告」ILO・「社会保障への途」		労働者年金保険法（44年・「厚生年金」に改称）
1944	ILO・フィラデルフィア宣言		
1945	（第2次世界大戦終結）国際連合憲章	1945	（アジア・太平洋戦争終結）労働組合法、女性の参政権（普通選挙法）実施
1946	イギリス・国民保健サービス		
1948	国連・「世界人権宣言」採択	1946	日本国憲法公布（47年・施行）
		1947	労働基準法

130

1953	世界労連「社会保障綱領」採択	1950	社会保障制度審議会勧告
			日本労働組合総評議会（総評）結成
		1951	（旧）日米安全保障条約
		1954	「社会保障を守る会」発足
			ＭＳＡ予算反対闘争
		1955	「春闘」始まる
		1958	国民健康保険法（国民皆保険、61 年施行）
			中央社会保障推進協議会結成
		1959	国民年金法（国民皆年金、61 年施行）
			戦争と失業に反対し社会保障を拡充する大行進
1961	世界労連「社会保障憲章」（61 年憲章）		
1966	国連「国際人権規約」採択		
1975	国連「障害者の権利宣言」採択	1974	74 春闘で年金スト
1979	国際児童年、国連「女子差別撤廃条約」採択		
1981	国際障害者年	1989	消費税導入（3%）
1982	世界労連「社会保障憲章」（82 年憲章）		
1989	国連「子どもの権利条約」採択		
1992	スウェーデン・エーデル改革（在宅福祉）	1995	社会保障制度審議会勧告
1994	ドイツ・介護保険法		
1999	ＩＬＯ・「ディーセントワーク」提唱		
2006	国連「障害者権利条約」採択	2000	介護保険創設
2010	アメリカ・医療保険改革（オバマケア）	2014	生活保護裁判（いのちのとりで裁判）はじまる
		2015	年金削減違憲訴訟はじまる

戦後日本の社会保障「改革」の経緯

社会保障の主な制度改革		(備考)	
		1945	労働組合法、女性参政権（普通選挙法）
		1946	日本国憲法制定（1947年施行）
1947	失業保険法、労働者災害補償保険法、児童福祉法	1947	労働基準法
1949	身体障害者福祉法（福祉三法の整備）		
1950	社会保障制度審議会勧告（50年勧告）生活保護法（新法）	1950	日本労働組合総評議会（総評）結成
		1951	日米安全保障条約
1954	生活保護適正化（国庫負担削減）	1954	ＭＳＡ予算反対闘争
		1955	「春闘」始まる
		1957	朝日訴訟提起（1960年・一審判決）
1958	国民健康保険法改正（国民皆保険）	1958	中央社保協結成
		1959	戦争と失業に反対し社会保障を拡充する大行進
1960	知的障害者福祉法	1960	岩手県沢内村で国保の65歳以上を無料化
			朝日訴訟東京地裁判決
1961	国民年金法（国民皆年金）実施	1961	沢内村で乳児医療の無料化
1962	社会保障制度審議会勧告（62年勧告）		
1963	国保世帯主5割から3割負担に改善老人福祉法		
1964	母子及び父子並びに寡婦福祉法（福祉六法の整備）	1967	朝日訴訟最高裁判決
	（60年代後半）第2次生活保護適正化	1968	最低賃金法
1968	国保扶養家族5割から3割負担に改善	1969	東京都・老人医療費無料化（全国に波及）
1972	児童手当法	1973	田中首相「福祉元年」を宣言
1973	老人医療費無料化（70歳以上）	1974	雇用保険法
1974	健保の扶養家族・3割負担に改善年金・物価スライド制		春闘で30%超の大幅賃上げ、年金スト
1980	健保本人一部負担増（初診料・入院費など）	1979	自民党「日本型福祉社会」
1981	第3次生活保護適正化（123号通知）	1981	第2次臨時行政調査会設置（臨調行革）
1982	老人医療・一部定額負担導入	1982	臨時行政調査会基本答申（医療の適正化など）
1984	健保本人・定率1割負担国保・国庫負担率削減		
1985	社会福祉国庫補助一律削減		
1986	基礎年金創設老人保健・高齢者の自己負担の引き上げ		

1989	ゴールドプラン策定	1989	消費税導入（導入時 3％） 労働戦線再編（連合・全労連の結成）
1990	福祉八法改正		
1993	障害者基本法	1993	社会保障将来像委員会第一次報告
1994	年金改革（支給開始年齢の引き延ばし） エンゼルプラン策定		
1995	社会保障制度審議会勧告 障害者プラン策定	1995	日経連「新時代の日本的経営」
1997	健保本人・定率 2 割負担	1997	消費税引上げ・医療改革で 9 兆円の負担増
		1999	労働者派遣の原則自由化
2000	介護保険実施・40 歳以上全員加入 70 歳以上の窓口負担定率化導入 社会福祉法（措置制度から契約制度へ）		
2002	乳幼児医療・定率 2 割負担に改善 健保本人家族・3 割負担（3 歳〜 69 歳）	2001	経済財政諮問会議設置
2004	年金改革（マクロ経済スライド導入）		
2005	障害者自立支援法成立（2006 年施行）		
2006	70 歳以上の医療費一定所得以上 3 割負担		
2008	後期高齢者医療・75 歳以上全員加入	2008	リーマンショック、年越し派遣村
		2011	東日本大震災、東電福島第一発電所事故
2012	社会保障改革推進法	2012	税・社会保障一体改革閣議決定
2013	生活保護法改正 年金削減特例水準引下げ（〜 15 年） 生活保護基準引下げ（〜 15 年）	2013	社会保障改革国民会議報告書
2014	医療・介護総合確保推進法（地域支援事業、特養入所基準など） 70 〜 74 歳の医療費の窓口負担を 2 割に引き上げ	2014	生活保護削減訴訟（いのちのとりで裁判）始まる
2015	国保改革・財政運営の都道府県化 介護保険利用料一定所得以上 2 割負担	2015	地域医療構想（病床削減計画）
2017	入院時居住費負担	2016	防衛予算（当初予算）5 兆円突破
2018	介護保険利用料一定所得以上 3 割負担 生活保護基準引下げ（〜 20 年）	2018	年金削減違憲訴訟始まる
		2020	コロナ感染・パンデミック

関連法令（抜粋）

●日本国憲法
（前文）

日本国民は、正当に選挙された国会における代表者を通じて行動し、われらとわれらの子孫のために、諸国民との協和による成果と、わが国全土にわたつて自由のもたらす恵沢を確保し、政府の行為によつて再び戦争の惨禍が起ることのないやうにすることを決意し、ここに主権が国民に存することを宣言し、この憲法を確定する。そもそも国政は、国民の厳粛な信託によるものであつて、その権威は国民に由来し、その権力は国民の代表者がこれを行使し、その福利は国民がこれを享受する。これは人類普遍の原理であり、この憲法は、かかる原理に基くものである。われらは、これに反する一切の憲法、法令及び詔勅を排除する。

日本国民は、恒久の平和を念願し、人間相互の関係を支配する崇高な理想を深く自覚するのであつて、平和を愛する諸国民の公正と信義に信頼して、われらの安全と生存を保持しようと決意した。われらは、平和を維持し、専制と隷従、圧迫と偏狭を地上から永遠に除去しようと努めてゐる国際社会において、名誉ある地位を占めたいと思ふ。われらは、全世界の国民が、ひとしく恐怖と欠乏から免かれ、平和のうちに生存する権利を有することを確認する。（以下略）

第9条　日本国民は、正義と秩序を基調とする国際平和を誠実に希求し、国権の発動たる戦争と、武力による威嚇又は武力の行使は、国際紛争を解決する手段としては、永久にこれを放棄する。

②　前項の目的を達するため、陸海空軍その他の戦力は、これを保持しない。国の交戦権は、これを認めない。

第11条　国民は、すべての基本的人権の享有を妨げられない。この憲法が国民に保障する基本的人権は、侵すことのできない永久の権利として、現在及び将来の国民に与へられる。

第12条　この憲法が国民に保障する自由及び権利は、国民の不断の努力によつて、これを保持しなければならない。又、国民は、これを濫用してはならないのであつて、常に公共の福祉のためにこれを利用する責任を負ふ。

第13条　すべて国民は、個人として尊重される。生命、自由及び幸福追求に対する国民の権利については、公共の福祉に反しない限り、立法その他の国政の上で、最大の尊重を必要とする。

第14条①　すべて国民は、法の下に平等であつて、人種、信条、性別、社会的身分又は門地により、政治的、経済的又は社会的関係において、差別されない。

第25条　すべて国民は、健康で文化的な最低限度の生活を営む権利を有する。

②　国は、すべての生活部面について、社会福祉、社会保障及び公衆衛生の向上及び増進に努めなければならない。

第28条　勤労者の団結する権利及び団体交渉その他の団体行動をする権利は、これを保障する。

第29条　財産権は、これを侵してはならない。

②　財産権の内容は、公共の福祉に適合するやうに、法律でこれを定める。

③　私有財産は、正当な補償の下に、これを公共のために用ひることができる。

第30条　国民は、法律の定めるところにより、納税の義務を負ふ。

第84条　あらたに租税を課し、又は現行の租税を変更するには、法律又は法律の定める条件によることを必要とする。

第92条　地方公共団体の組織及び運営に関する事項は、地方自治の本旨に基いて、法律でこれを定める。

第97条　この憲法が日本国民に保障する基本的人権は、人類の多年にわたる自由獲得の努力の成果であつて、これらの権利は、過去幾多の試錬に堪へ、現在及び将来の国民に対し、侵すことのできない永久の権利として信託されたものである。

第98条　この憲法は、国の最高法規であつて、その条規に反する法律、命令、詔勅及び国務に関するその他の行為の全部又は一部は、その効力を有しない。
②　日本国が締結した条約及び確立された国際法規は、これを誠実に遵守することを必要とする。

第99条　天皇又は摂政及び国務大臣、国会議員、裁判官その他の公務員は、この憲法を尊重し擁護する義務を負ふ。

●地方自治法
第1条の2①　地方公共団体は、住民の福祉の増進を図ることを基本として、地域における行政を自主的かつ総合的に実施する役割を広く担うものとする。
第2条⑭　地方公共団体は、その事務を処理するに当つては、住民の福祉の増進に努めるとともに、最少の経費で最大の効果を挙げるようにしなければならない。

●生活保護法
第1条　この法律は、日本国憲法第25条に規定する理念に基き、国が生活に困窮するすべての国民に対し、その困窮の程度に応じ、必要な保護を行い、その最低限度の生活を保障するとともに、その自立を助長することを目的とする。
第2条　すべて国民は、この法律の定める要件を満たす限り、この法律による保護（以下「保護」という。）を、無差別平等に受けることができる。
第3条　この法律により保障される最低限度の生活は、健康で文化的な生活水準を維持することができるものでなければならない。

●労働基準法
第1条　労働条件は、労働者が人たるに値する生活を営むための必要を充たすべきものでなければならない。
②　この法律で定める労働条件の基準は最低のものであるから、労働関係の当事者は、この基準を理由として労働条件を低下させてはならないことはもとより、その向上を図るように努めなければならない。

●最低賃金法
第1条　この法律は、賃金の低廉な労働者について、賃金の最低額を保障することにより、労働条件の改善を図り、もつて、労働者の生活の安定、労働力の質的向上及び事業の公正な競争の確保に資するとともに、国民経済の健全な発展に寄与することを目的とする。

●世界人権宣言
第22条　何人も、社会の一員として、社会保障をうける権利を有し、かつ、国家的努力および国際的協力を通じて、また、各国の組織および資源に応じて、自己の尊厳と自己の人格の自由な発展とに欠くことのできない経済的、社会的および文化的権利の実現に対する権利を有する。

【編著】

原冨　悟　　労働運動総合研究所理事
労働運動総合研究所社会保障研究部会

【執筆協力】

相澤與一　　福島大学名誉教授
小澤　薫　　新潟県立大学准教授
唐鎌直義　　佐久大学特任教授
公文昭夫　　元中央社保協副会長、元総評社会保障局長
浜岡政好　　佛教大学名誉教授
堀　幾雄　　元中央社保協事務局長
宮崎牧子　　大正大学教授
山口一秀　　中央社保協事務局長

社会保障運動入門—人間らしく生きるために—

2021 年 11 月 28 日　　初版　　　　定価はカバーに表示
編著者　原冨　悟　労働運動総合研究所社会保障研究部会

発行所　　学習の友社
〒 113-0034　文京区湯島 2-4-4
電話　03（5842）5641　Fax　03（5842）5645
tomo@gakusyu.gr.jp　郵便振替　00100-6-179157
印刷所　モリモト印刷

ISBN978-4-7617-0731-6